Sentiers Forestiers

ntiers forestiers de l'île de La Réunion...

PLAINE DES SABLES / PHOTO A.C./ONF

Les itinéraires de randonnée pédestre connus sous le nom de "GR", jalonnés de marques blanc-rouge, sont une
création de la Fédération française de la randonnée pédestre. Ils sont protégés au titre du code de la propriété
intellectuelle. Les marques utilisées sont déposées à l'INPI. Nul ne peut en disposer sans autorisation expresse
Sentier de Grande Randonnée, Grande Randonnée de Pays, Promenade & Randonnée, Randocitadines, « À pied en
famille », « Les environs de… à pied », « Sentiers forestiers », « Sentiers des Patrimoines » sont des marques déposées, ainsi que les marques de couleur blanc-rouge et jaune-rouge. Les extraits de cartes figurant dans cet ouvrage
sont la propriété de l'Institut géographique national. Toute reproduction est soumise à l'autorisation de ce dernier.

3e édition : avril 2014 - ISBN 978-2-7514-0642-3 © IGN 2013 (fonds de carte) - Dépôt légal : avril 2014

PR® **Sentiers Forestiers**
de l'île de **La Réunion**
... à pied®

25 PROMENADES & RANDONNÉES

La Fédération française de la Randonnée pédestre et l'Office national des forêts, spécialistes de terrain de la randonnée, de la forêt et des milieux naturels, se sont associés pour vous offrir une nouvelle collection.

Parcourir les Sentiers Forestiers, c'est découvrir des itinéraires de qualité, les particularités et les richesses des forêts françaises, le métier de forestier, les paysages et leur évolution, la biodiversité...

Belles randonnées en forêt !

www.ffrandonnee.fr

Bien préparer sa randonnée

BIEN PRÉPARER SA RANDONNÉE

Les itinéraires de Promenades et Randonnées (PR) sont en général des boucles : on part et on arrive au même endroit.

QUATRE NIVEAUX DE DIFFICULTÉS À CONNAÎTRE

Les randonnées sont classées par niveaux de difficulté. Elles sont différenciées par des couleurs dans la fiche de chaque circuit.

TRÈS FACILE > Moins de 2 heures de marche

Idéal à faire en famille, sur des chemins bien tracés.

FACILE > Moins de 3 heures de marche

Peut être fait en famille. Sur des chemins avec quelques passages moins faciles.

MOYEN > Moins de 4 h 30 de marche

Pour les randonneurs habitués à la marche. Avec quelquefois des endroits assez sportifs et/ou des dénivelées.

DIFFICILE > Plus de 4 h 30 de marche

Pour des randonneurs expérimentés et sportifs. L'itinéraire est long et/ou difficile (dénivelées, passages délicats).

Durée de la randonnée

La durée est calculée sur la base de 3 km/h pour les balades vertes et bleues, et de 4 km/h pour les randonnées rouges et noires. La durée indiquée tient compte de la longueur et des dénivelées. Si vous randonnez avec des enfants, reportez-vous page 8.

COMMENT SE RENDRE SUR PLACE ?

En voiture

Tous les points de départ sont en général accessibles par la route. Un parking est situé à proximité du départ de chaque randonnée. Ne laissez pas d'objet apparent dans votre véhicule.

Veillez à ce que votre véhicule ne gêne pas le passage des engins forestiers ou agricoles, même le dimanche. Il est interdit de stationner derrière les barrières de routes forestières.

Par les transports en commun

L'éventuel accès par les transports en commun est signalé à la rubrique Situation de chaque itinéraire. Attention, certains services sont réduits ou inexistants les week-ends, jours fériés et période de congés scolaires.

Cars et bus > contactez l'office de tourisme ou le syndicat d'initiative (voir coordonnées page 8)

L'ÉQUIPEMENT D'UNE BONNE RANDONNÉE
Les chaussures
Les chaussures de randonnée doivent être confortables et garantir un bon maintien du pied et de la cheville. Si elles sont neuves, prenez le temps de les faire à votre pied avant. Les tennis seront limitées à une courte marche d'une ou deux heures.

Le sac à dos
Un sac de 20 à 40 l conviendra largement pour les sorties à la journée.

Les vêtements
Le système des « 3 couches » est fondamental : sous-vêtement en fibres synthétiques, pull ou sweat en fibre polaire, coupe-vent, de préférence respirant.

Équipement complémentaire
Une paire de lacets, de la crème solaire, une casquette, des lunettes (attention, l'ensoleillement est très fort en altitude, surtout en milieu minéral : protégez-vous du soleil même par temps de brouillard), une trousse de secours, une boussole, un appareil photo.

4 indispensables à ne pas oublier !

1 > Bien s'hydrater
La gourde est l'accessoire indispensable, été comme hiver.

3 > Mieux observer
En montagne ou dans un parc, **une paire de jumelles**.

2 > Toujours dans la poche !
Un couteau multifonctions.

4 > Mieux se repérer
Une lampe torche en cas de tunnel, grotte.

Autres > un pique-nique ou, pour les courtes marches, quelques provisions qui aideront à terminer un itinéraire, surtout avec des enfants.

QUAND RANDONNER ?

Avant de partir, toujours s'informer sur le temps prévu :
Météo France : tél. **08 92 68 08 08** (0,34 euro/minute) ou www. meteo.fr et sur l'état des sentiers : **www.onf.fr/la-reunion, rubrique Infos sentiers.**

Les périodes les plus favorables se situent aux « inter-saisons », c'est-à-dire de mi-avril à juin et de mi-septembre à novembre. Au cours de l'hiver austral (de mai à novembre), les pluies sont rares et les températures peuvent être basses, surtout en altitude. L'été austral (de décembre à avril) se caractérise par des pluies plus abondantes et des températures plus élevées, avec un risque cyclonique important pouvant générer de fortes précipitations et entraîner une impraticabilité totale ou partielle de certains sentiers.

L'ennuagement des Hauts de l'île est très fréquent à partir de la fin de matinée. Débutez les randonnées de bonne heure pour bénéficier des points de vue dégagés.
En été, le jour se lève vers 5 h 30 et le soleil se couche vers 18 h 45. Pendant l'hiver austral, la journée perd environ 1 h 30. En toute saison, le temps est très changeant et les températures sont très variables en fonction du lieu où vous vous trouvez.
Par temps de pluie, certains sentiers deviennent très glissants et sont fortement déconseillés. Après de fortes pluies, les sentiers de randonnée peuvent être provisoirement fermés.

RECOMMANDATIONS

N'entreprenez pas de randonnée si de fortes pluies sont annoncées, particulièrement en phase de vigilance et d'alerte cyclonique.

Ne partez jamais seul et signalez votre itinéraire à votre entourage.
Enregistrez sur votre téléphone portable les numéros de téléphone des secours (PGHM, Samu, Pompiers)

**N° d'urgence
PGHM
02 62 930 930
Secours 112
Pompiers 18
Samu 15
Gendarmerie
17**

Emportez de l'eau en quantité suffisante, 1 à 3 litres et en fonction de l'itinéraire (les points d'eau sont rares), ainsi que quelques provisions.

Ne vous écartez jamais des sentiers balisés et ne traversez jamais les rivières en crue.

Depuis l'édition de ce topo-guide, les itinéraires décrits ont peut-être subi des modifications. Il faut alors suivre le nouvel itinéraire balisé.

Respectez la nature : n'allumez pas de feu, ne jetez pas de déchets, ne récoltez pas de végétaux…

Les 7 pictogrammes illustrant les principales difficultés susceptibles d'être rencontrées sur les sentiers de randonnée pédestre de La Réunion :

N°1 - Passerelle

Ce pictogramme évoque la difficulté liée au franchissement d'une passerelle, en particulier d'une passerelle sur câbles, qui présente la propriété d'onduler au-dessus d'un vide important.

N°2 - Passage d'échelles

Certains sentiers sont dotés d'échelles (en général, il s'agit d'échelles métalliques). Plus ou moins hautes, elles peuvent donner un caractère ludique à la randonnée et sont souvent très appréciées des enfants. Toutefois certaines personnes peuvent avoir quelque appréhension à les emprunter, et la difficulté mérite d'être précisée.

N° 3 - Passage en surplomb

Ce pictogramme s'adressera particulièrement aux personnes sujettes au vertige et aux parents de jeunes enfants. Ce pictogramme devrait inviter à cheminer au plus près de la paroi, à ne pas s'attarder à de tels endroits, et à veiller sur les jeunes enfants.

N° 4 - Passage glissant

Ce pictogramme évoque la difficulté liée au caractère instable de certains passages. Il peut s'agir de passages boueux ou humides. Ces passages sont traditionnellement traités par la pose de rondins en travers du sentier. Si le franchissement d'une zone humide est ainsi facilité, il n'en demeure pas moins glissant, et peut poser problèmes à des personnes mal chaussées.

N° 5 - Passage instable

Ce pictogramme illustre également le caractère instable de certaines portions d'itinéraires. En effet, des passages caillouteux et pentus peuvent également en zone sèches être fort glissants et présenter par leur caractère instable un risque vis à vis de personnes mal chaussées.

N° 6 - Passage à gué

Nombreux sont les sentiers, qui, à La Réunion, traversent des rivières. Ces passages peuvent présenter un réel danger en période de crue. Il est alors interdit de traverser la rivière. Là encore, en dehors de périodes de hautes eaux, de tels passages nécessitent une certaine prudence, le port de bonnes chaussures de marche (pierres glissantes), et de vérifier le niveau de l'eau avant de s'engager.

N°7 - Passage de rochers

Sans qu'il s'agisse d'escalade, certains passages rocheux nécessitent de se tenir au rocher. Cette situation peut représenter une réelle difficulté pour certaines personnes.

QUELQUES ADRESSES UTILES

Quelques adresses pour vous aider

ÎLE DE LA RÉUNION TOURISME
• Centrale d'information et de réservation
tél. 02 62 90 78 78, fax 02 62 41 84 29,
www.reunion.fr, www.reunion-nature.com, resa@reunion-nature.com

PAYS D'ACCUEIL TOURISTIQUES
• Point info Plaine des Palmistes : tél. 02 62 51 47 59, pat.hautesplaines@wanadoo.fr
• Maison du Tourisme de Salazie
- Antenne Hell Bourg : tél. 02 62 47 89 89, pat.salazie@wanadoo.fr
• Maison du Tourisme du Sud Sauvage
- Antenne Saint-Joseph : tél. 02 62 37 37 11, pat.sudsauvage@wanadoo.fr

OFFICES DE TOURISME ET SYNDICATS D'INITIATIVE
• Bras Panon : tél. 02 62 51 29 88, info.tourisme.bpanon@wanadoo.fr
• Cilaos : tél. 02 62 31 71 71, mmocilaos@wanadoo.fr
• L'Entre-Deux : tél. 02 62 39 69 80, ot.entredeux@wanadoo.fr, www.ot-entredeux.com
• L'Étang-Salé : tél. 02 62 26 67 32, otsi.run@wanadoo.fr
• La Possession : tél. 02 62 22 26 66, possession-office@wanadoo.fr
• Le Tampon / Plaine des Cafres : tél. 02 62 27 40 00, info@letampon.info
• Saint-André : tél. 02 62 46 91 63, omt.standre@wanadoo.fr
• Saint-Benoit : tél. 02 62 47 05 09, accueil-officetourismestbenoit@wanadoo.fr
• Saint-Denis : tél. 02 62 41 83 00, otinord@wanadoo.fr
• Saint-Leu : tél. 02 62 34 63 30, ot.stleu@wanadoo.fr
• Saint-Louis : tél. 02 62 24 20 25, officetourisme.stlouis@wanadoo.fr
• Sainte-Marie : tél. 02 62 53 84 25, otinord@wanadoo.fr
• Saint-Paul : tél. 0810 797 797, info@saintpaul-lareunion.com, www.saintpaul-lareunion.fr
• Saint-Philippe : tél. 02 62 97 75 84
• Saint-Pierre : tél. 02 62 25 02 36, ot.st-pierre@wanadoo.fr
• Sainte-Suzanne : tél. 02 62 52 13 54, otinord@wanadoo.fr

OFFICE NATIONAL DES FORÊTS
• Direction Régionale La Réunion, Domaine forestier de la Providence, 97488 Saint-Denis, tél. 02 62 90 48 00
• Siège, département de la communication, 2, avenue de Saint-Mandé, 75570 Paris Cedex 12,
tél. 01 40 19 58 43, www.onf.fr

FÉDÉRATION FRANÇAISE DE LA RANDONNÉE PÉDESTRE
• Centre d'information de la Fédération française de la randonnée pédestre,
64, rue du Dessous-des-Berges, 75013 Paris, tél. 01 44 89 93 93, fax 01 40 35 85 67,
info@ffrandonnee.fr, wwww.ffrandonnee.fr

COMITÉ DÉPARTEMENTAL DE LA RANDONNÉE PÉDESTRE
• Comité départemental de la randonnée pédestre de la Réunion
8, rue de la Caserne, Petite Île, 97400 Saint-Denis, tél. 02 62 94 37 06

A CHACUN SON RYTHME...

Les enfants jusqu'à environ 7 ans

Sur le dos de ses parents jusqu'à 3 ans, l'enfant peut ensuite marcher, dit-on, un kilomètre par année d'âge. Question rythme, on suppose une progression horaire de 1 à 2 km en moyenne.

De 8 à 12 ans

On peut envisager des sorties de 10 à 15 km. Les enfants marchant bien mieux en groupe, la présence de copains favorisera leur énergie. Si le terrain ne présente pas de danger, ils apprécieront une certaine liberté, en fixant des points de rendez-vous fréquents.

Les adolescents qui sont en pleine croissance ont des besoins alimentaires plus importants que les adultes.

Les seniors

La marche a pour effet la préservation du capital osseux, et fait travailler en douceur l'appareil cardio-vasculaire. Un entretien physique régulier de 30 minutes à 1 heure de marche quotidienne est requis pour envisager de plus longues sorties. Un bilan médical est recommandé.

Où se restaurer et dormir dans la région ?

TROIS TYPES D'APPELLATION

 Alimentation   **Restauration**
(café ou restaurant)   **Hébergement**

⊘	🛒	🍴	🏠	⊘	🛒	🍴	🏠
Bourg-Murat	●	●	●	Les Makes		●	●
Cilaos	●	●	●	Plaine des Palmistes	●	●	●
Grand Ilet	●	●	●	Saint-Benoît	●	●	●
Hell Bourg	●	●	●	Saint-Denis	●	●	●
L'Étang-Salé	●	●	●	Sainte-Marie	●	●	●
La Nouvelle	●	●	●	Saint-Philippe	●	●	●
Le Guillaume	●	●	●	Trois Bassins	●	●	●
Le Tévelave		●	●				

INFOS PRATIQUES

Pour mieux connaître la région

BIBLIOGRAPHIE

MILIEUX, FAUNE, FLORE
- Blanchard F., *Guide des milieux naturels La Réunion – Maurice – Rodrigues*, éd. Ulmer, 2000.
- Pailler T., Humeau L., Figier J., *Flore pratique des forêts de montagne de l'île de La Réunion*, Azalées éd., 1998.
- Conservatoire Botanique de Mascarin, *L'île de La Réunion par ses plantes*, éd. Solar, 1992.
- Lavergne R., *Le Grand livre des tisanneurs et plantes médicinales indigènes de La Réunion*, éd. Orphie, 2001.
- Barau A., Barré N., Jouanin C., *Le Grand livre des oiseaux de La Réunion*, éd. Orphie, 2005.
- Probst J.-M., *Animaux de La Réunion : guide d'identification des oiseaux, mammifères, reptiles et amphibiens*, Azalées éd., 1997.
- ONF, *Découvrir* (les Principaux arbres forestiers de La Réunion en fiches - les Principaux insectes de La Réunion en fiches - les Principaux oiseaux de La Réunion en fiches)
- ONF - RN Saint-Philippe Mare Longue, *Guide Botanique – Forêt de Mare Longue*, 2005.
- ONF, *Guide Nature – Forêt de Bébour,* 2003.

VOLCANISME
- Allègre J.-L., *Le guide du piton de la Fournaise*, éd. Jean-Luc Allègre.
- Rivals P., *Histoire géologique de la Réunion*, Azalées éd., 1989.
- Krafft M., *Les feux de la Terre : histoires de volcans*, Gallimard, 1991.
- Bardintzeff J.-M., *Le Volcanisme*, Masson, 1992.

HISTOIRE
- Vaxelaire D., *Le Grand livre de l'histoire de La Réunion, Vol. 1, des origines à 1848*, éd. Orphie, 2003.
- Vaxelaire D., *Le Grand livre de l'histoire de La Réunion, Vol. 2, de 1848 à nos jours*, éd. Orphie, 2003.

OUVRAGES GENERAUX ET BEAUX LIVRES
- Lavaux C., *La Réunion : du battant de lames au sommet des montagnes*, éd. Cormorans, 1998.
- Philippe J., *Vivre à Mafate lontan… hors du temps au cœur de La Réunion*, 2005.
- Gélabert S., *La Réunion : fruit d'une passion*, éd. S. Gélabert, 2004.
- *Cases créoles de La Réunion*, éd. Plume / Flammarion, 2001.
- Gélabert S., *La Réunion des milles et une saveur*, éd. S. Gélabert, 1993.
- *Encyclopédie – À la découverte de la Réunion*, éd. Favory, 1983.

SUR LA RANDONNÉE
- *L'île de La Réunion*, topo-guide GR (R1, R2, R3), réf. 974, éd. FFRandonnée, 2010.
- ONF, *Randonner sur les sentiers de Mafate…*, 2003 ; *Randonner – Le massif de la Fournaise*, 1994.
- ONF, *Découvrir* (Les sentiers du Piton Bébour et de Bras Cabot - Le Tamarin des Hauts et la forêt de Tamarins).

HÉBERGEMENT
- *Gîtes d'étapes et refuges,* A. et S. Mouraret, mise à jour permanente sur www.gites-refuges.com
- Centrale d'information et de réservation de La Réunion, tél. 02 62 90 78 78, www.reunion-nature.com

Pour connaître la liste des autres topo-guides de la Fédération française de la randonnée pédestre, consulter le catalogue sur le site Internet de la Fédération : www.ffrandonnee.fr

CARTES DE LA RÉGION

- **CARTE IGN AU 1 : 100 000 :** La Réunion

10 • SENTIERS FORESTIERS DE L'ÎLE DE LA RÉUNION… À PIED

Rejoignez-nous et randonnez l'esprit libre

Pour mieux connaître la fédération, les adresses des associations de votre département, pour tout savoir sur l'actualité de la randonnée, pour adhérer ou découvrir la collection des topo-guides.

Tout sur
www.ffrandonnee.fr

FFRandonnée

Suivez les balisages de la **FFRandonnée**

LES TYPES DE BALISAGE

Type d'itinéraire			
Bonne direction			
Tourner à gauche			
Tourner à droite			
Mauvaise direction			

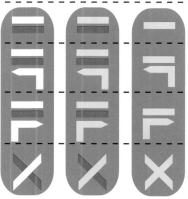

1 Grande Randonnée / **2** Grande Randonnée de Pays / **3** Promenade & Randonnée

MARQUAGES DES BALISAGES

Le jalonnement des sentiers consiste en marques de peinture sur les arbres, les rochers, les murs, les poteaux. Leur fréquence est fonction du terrain.

Les baliseurs : savoir-faire et disponibilité

Pour cheminer sereinement, 6 000 bénévoles passionnés s'activent toute l'année, garants d'un réseau de 180 000 kilomètres de sentiers, sélectionnés et aménagés selon des critères de qualité.

PARCE QUE VOTRE
PASSION EST
SANS LIMITE...
PassionRand
Pyrénées-Oriental
entre mer et montag
Découverte
Coup de cœur
L'Île de Ré
d'Allain Bougrain
Dubourg
Mémoire
Le sentier
des douaniers
en Bretagne
Suisse
La traversée
de l'Oberland
4 numéros par an pour :
+ de randos d'ici et d'ailleurs
+ d'infos pratiques
+ d'implication en faveur des sujets de société
+ d'infos locales
Conception : L2R
SPÉCIAL ADHÉRENT
Vous êtes adhérents de la Fédération, vous pouvez payer votre abonnement à Passion Rando 6 € seulement en même temps que votre cotisation annuelle
Contactez votre club de randonnée ou votre Comité Départemental de la Randonnée Pédestre
Abonnez-vous via internet sur : www.ffrandonnee.fr, rubrique « Passion Rando »
ou
Abonnez-vous par courrier : envoyez sur papier libre vos coordonne accompagnées d'un chèque de 12 € à l' de FFRandonnée à l'adresse suivante
FFRandonnée, Service Abonnements
64, rue du Dessous-des-Berges 75013
FFRandonnée
www.ffrandonne
Conformément à la loi informatique et liberté du 6 janvier 1978, vous disposez d'un droit d'accès et de rectification aux informations vous concernant.

LA FFRandonnée AUJOURD'HUI

La Fédération française de la randonnée pédestre, c'est plus de 205 000 adhérents, 3 350 associations affiliées, 180 000 km de sentiers balisés GR® et PR®, 120 comités régionaux et départementaux, 20 000 bénévoles animateurs et baliseurs, 270 topo-guides, un magazine de randonnée *Passion Rando* et un site Internet : www.ffrandonnee.fr.

Passion Rando, le magazine des randonneurs

Passion Rando Magazine apporte aux amoureux de la randonnée et d'authenticité toutes les pistes de découverte des régions de France et à l'étranger, les propositions d'itinéraires, d'hébergements et des bonnes adresses.

En valorisant les actions locales d'engagement pour la défense de l'environnement et d'entretien des sentiers, Passion Rando Magazine porte un message sur le développement durable, la préservation de la nature et du réseau d'itinéraires de randonnée pédestre.

Abonnez-vous sur www.ffrandonnee.fr

Des sentiers balisés à travers toute la France

PassionRando
LE MAGAZINE DES PASSIONNÉS DE LA RANDO

PARTEZ TRANQUILLE AVEC LA RandoCarte®

4 atouts au service des randonneurs

- Une assurance spéciale « randonnée »
- Une assistance 24/24 h et 7/7 jours en France comme à l'étranger
- Des avantages quotidiens pour vous et vos proches
- Un soutien à l'action de la Fédération française de la randonnée pédestre et aux bénévoles qui entretiennent vos sentiers de Grande Randonnée et de Promenades et Randonnées

Vous aimez la randonnée

Depuis plus d'un demi-siècle, la Fédération vous propose une assurance, adaptée et performante dont profitent déjà plus de 205 000 passionnés. Faites confiance à la RandoCarte® : elle vous est conseillée par des spécialistes du terrain, passionnés de randonnée…

Une fois encore, ils vous montrent le chemin !

Sur les pas du
Forestier

CHÊNE LIÈGE / DESSIN S.I.

Qui possède la forêt ?

74 %

16 %

10 %

■ PROPRIÉTAIRES PRIVÉS

■ COLLECTIVITÉS LOCALES

■ ÉTAT (dont forêts domaniales)

Expertise

Le savoir-faire sylvicole français a longtemps rayonné dans toute l'Europe. Aujourd'hui l'**ONF** continue de valoriser cette expertise à l'étranger, notamment par le biais de sa filiale **ONF-International,** qui intervient en Amérique latine et en Afrique. En Amazonie, **ONF-International** crée et gère des projets de « puits de carbone » (voir « La forêt contre l'effet de serre », page 18) en partenariat avec des investisseurs privés et des partenaires locaux.

L a France est l'un des pays les plus boisés d'Europe : plus d'un quart de l'hexagone est couvert de forêts. Ce patrimoine, riche de plus de 130 essences d'arbres, ne cesse de s'accroître du fait des politiques de reboisement et de la diminution de l'emprise agricole sur les sols. Aujourd'hui, la forêt métropolitaine poursuit sa progression. Sa superficie a doublé depuis le début du XIXe siècle.

Sept siècles de savoir-faire forestier

Si près des trois quarts de la forêt française, extrêmement morcelée, appartiennent à des propriétaires privés, **l'État reste le plus gros propriétaire forestier du pays,** ce qui lui permet d'être acteur de la politique forestière nationale par le biais de l'**Office national des forêts (ONF),** établissement public de l'État.

Créé en 1966 pour succéder à l'administration des Eaux et Forêts, l'ONF est l'héritier d'une des plus anciennes institutions de France. C'est en effet Philippe le Bel qui a créé les premiers corps de forestiers royaux (1291).

L'ONF gère plus de **10 millions d'hectares** de forêts publiques et d'espaces naturels en métropole et dans les départements d'outre-mer (dont 4,7 millions d'hectares en métropole), en étroite collaboration avec les 11 000 collectivités locales propriétaires de 2,9 millions d'hectares. Il gère aussi des écosystèmes fragiles, associés ou non à la forêt, tels que les tourbières, les dunes – zones sensibles du littoral –, les pelouses alpines. Il intervient à ce titre sur 30 % du littoral français métropolitain et dispose d'un service spécialement dédié à la gestion des risques naturels (prévention des incendies, protection et restauration des terrains de montagne).

u service de la société,
Office national des forêts prépare,
vec ses partenaires, **la forêt et les
spaces naturels** de demain.

ne gestion durable
n trois grandes fonctions :

Économique
Entretenir la forêt et récolter le bois destiné à approvisionner
les industries du bois.

Environnementale
Préserver et développer la diversité biologique de la
forêt et des espaces naturels.

Sociale
Ouvrir et rendre accueillante la forêt publique pour tous.

ONF s'efforce de préserver l'équilibre entre ces trois fonctions
our améliorer le capital forestier des générations futures :
est ce qu'on appelle la gestion durable de la forêt. Cette
éoccupation a toujours été au cœur de l'activité des services
blics forestiers : la forêt doit fournir un bois de qualité pour
s besoins de l'économie tout en restant un milieu naturel
he, abondant, accueillant et participant à l'équilibre des
ysages. Le bois est un matériau renouvelable, qui peut être
élevé indéfiniment si l'on prend soin de régénérer
gulièrement les forêts. La forêt domaniale est ainsi le premier
urnisseur de chêne pour l'industrie du sciage et de la
nnellerie. Avec 14 millions de m³ récoltés chaque année dans
s forêts publiques gérées par l'ONF, cet établissement assure
% de la récolte nationale de bois.

a forêt et le paysage

our le forestier, « aménager la forêt » est le résultat d'un
vail au quotidien qui se construit avec le temps. Son rôle est
envisager l'évolution d'un massif pour construire le paysage
s cinquante ou cent années à venir dans le respect des
cles de la nature et des écosystèmes. Aujourd'hui les
ysages forestiers constituent à la fois un espace de nature et
refuge pour l'imaginaire. Situées aux portes des villes, sur
littoral ou sur un versant de colline, les forêts forment un
dre de vie et de travail, un paysage en constante évolution au
é des changements sociaux et économiques en dépit de son
parente stabilité.

MARTELAGE EN FUTAIE RÉSINEUSE
PHOTO Ph.L./ONF

NOYAUX DE DÉROULAGE
PHOTO A.A./ONF

CHARGEMENT DE GRUMES
DE HÊTRE / PHOTO M.C./ONF

Profession forestier
Environ 10 000 personnes
travaillent à l'ONF.
Le forestier entreprend
les plantations et les
régénérations, accompagne la
croissance des jeunes arbres
en leur procurant lumière et
espace, prépare
et vérifie les coupes des
arbres arrivés à maturité.
On dit qu'il « aménage la
forêt », favorisant son
renouvellement selon un plan
d'aménagement à long
terme. Sa mission englobe
d'autres tâches : préserver
l'équilibre flore-faune,
protéger les espèces fragiles,
veiller à la qualité des
paysages, débroussailler pour
prévenir les incendies, ouvrir
des sentiers de promenade,
informer et sensibiliser le
public aux questions
environnementales…

La forêt contre **l'effet de serre**

Une forêt régulièrement exploitée
et renouvelée est un excellent
moyen de lutter contre l'effet de
serre. Par la photosynthèse, les
arbres absorbent le gaz carbonique
dont ils ont besoin pour pousser et
rejettent de l'oxygène. Or les

jeunes arbres sont plus gourmands en gaz carbonique que
leurs aînés. Arrivés en fin de vie, les arbres se
décomposent et libèrent dans l'atmosphère le gaz
carbonique qu'ils ont piégé au cours de leur existence.
Il est donc important de les récolter à maturité. Mieux :
une fois transformé en meubles, charpentes ou autres
installations pérennes, le bois continue de stocker et de
neutraliser le gaz carbonique, à raison d'une tonne de gaz
par mètre cube de bois.

**La consommation de bois contribue donc à la vie
de la forêt et à la lutte contre l'effet de serre :
la récolte annuelle de bois en France permet de stocker
et de neutraliser l'équivalent du gaz carbonique produit
par 30 millions de voitures.**

Quant à la consommation du bois en tant que source
d'énergie, elle est neutre vis-à-vis de l'effet de serre,
contrairement aux énergies d'origine fossile telles que
le pétrole. À condition que le bois provienne de forêts
gérées de façon durable, les émissions de carbone
engendrées par son utilisation comme source d'énergie
sont compensées par les absorptions réalisées
par la forêt.
La capacité importante des forêts à absorber le dioxyde
de carbone est évaluée à près d'un tiers de l'ensemble du
carbone libéré dans l'atmosphère. Cet effet « puits de
carbone » est reconnu par le protocole de Kyoto,
qui comprend un volet forestier.
**La séquestration de dioxyde de carbone réalisée
par la forêt française est estimée à environ 10 %
de nos émissions annuelles.**

MÉLANGE DE FEUILLUS RÉSINE
EN MONTAGNE / PHOTO J.R./ONF

PLANTATIONS DE FEUILLUS
PHOTO C.Pi./ONF

Graines de savoir

Les forêts recouvrent
30 % de la surface
totale des terres émergé
de notre planète.
On estime qu'elles
renferment 283 Gt
(gigatonnes) de carbon
dans leur seule biomass
L'ensemble du carbone
stocké dans cette
biomasse, ainsi que dar
le bois mort, dans la
litière et dans les sols, e
supérieur d'environ 50
à la quantité de carbon
actuellement présente
dans l'atmosphère.
Malheureusement, la
déforestation et un
aménagement irraisonn
des forêts dans les pays
du Sud contribuent
à réduire ce bilan
favorable : quelques
2 milliards de tonnes d
carbone emmagasinées
dans les forêts sont ains
libérées chaque année
dans l'atmosphère.

éserver l'équilibre **des espèces**

forêt abrite de nombreuses espèces de plantes et d'animaux qui vivent en équilibre avec
e. Faune et flore y sont étroitement liées par toute une série de rythmes, d'associations,
ffinités, de complémentarités. Leur diversité est une richesse sur laquelle il faut veiller
ur éviter la surabondance ou l'extinction d'une espèce et maintenir la forêt prospère.

travail de l'**ONF** concourt à cette stabilité. Si les forestiers choisissent, par exemple, de
nserver certains arbres morts, c'est parce que ceux-ci sont de véritables lieux de vie :
bois en décomposition nourrit les insectes et les oiseaux, et le creux des arbres leur sert
bri. L'action des forestiers en faveur de la faune inclut aussi le traitement des lisières, le
intien des clairières, le respect des périodes de nidification des oiseaux, la protection des
res, la conservation du lierre…

s forêts domaniales métropolitaines et plus de la moitié des forêts des collectivités
t certifiées **PEFC** (Programme de reconnaissance des forêts certifiées). Apposé sur des
duits en bois, ce label indique que le bois utilisé provient de forêts gérées durablement.
achetant du bois ou des produits dérivés marqués PEFC, vous contribuez directement à
quilibre et à la prospérité de la forêt. Par ailleurs, depuis 2003, l'**ONF** s'est vu attribuer
e certification au titre de la norme **ISO 14 001.** Cette certification reconnaît son
gagement en faveur de l'environnement, que ce soit par le suivi scientifique des
osystèmes forestiers, la gestion de réserves biologiques et naturelles, la mise en place
dispositifs de veille et d'alerte ou le respect des réglementations dans ses chantiers
xploitation.

épartition des
ssences dans les forêts
ubliques de France
nétropolitaine :

euillus : 60 %
ésineux : 40 %

1 **Chêne** / PHOTO A.B.
2 **Hêtre** / PHOTO P.Do./ONF
3 **Merisier** / PHOTO D.G./ONF
4 **Sapin épicéa** / PHOTO Ph.L./ONF
5 **Pin maritime** / PHOTO J.-P.C./ONF
6 **Pin sylvestre** / PHOTO Ph.L./ONF

GLAND / DESSIN S.L.

Veille forestière

Afin de détecter les changements
à long terme d'une grande
quantité d'écosystèmes forestiers
et d'améliorer
la compréhension de ces
changements, **l'ONF** participe,
depuis 1992, à un outil de veille
appelé **RENECOFOR** (Réseau
national de suivi des
écosystèmes forestiers).
Il comporte une centaine de
« placettes d'observation et de
relevés » situées en forêt publique.

SUR LES PAS DU FORESTIER

Graines de savoir

Le mot forêt
proviendrait soit
du francique *forh-ist*,
terme juridique de
l'époque carolingienne
pour désigner un terrain
hors de l'usage commun,
soit du latin *foris* qui
signifie « en dehors »,
soit un milieu extérieur
à la communauté.

VISITE GUIDÉE / PHOTO P.C./ONF

La forêt accueillante

La forêt telle que nous la connaissons aujourd'hui en France, comme presque partout en Europe, a été façonnée par la main de l'homme pour lequel elle a toujours été une ressource essentielle : gibier, baies, bois de chauffage, de cuisson ou de construction… Et si elle de tout temps nourri l'imaginaire des hommes, la forêt n'a acquis sa fonction d'espace de détente et de loisirs qu'à partir du XIXᵉ siècle, Fontainebleau s'imposant alors comme le lieu symbole de ce nouvel usage forestier.

Les forêts publiques de La Réunion :
À La Réunion, l'ONF gère un peu plus de
100 000 hectares de forêts publiques, soit environ 40
de la superficie de l'île.
91 % de ces forêts sont « départemento-domaniales ».
Le Conseil général en est le propriétaire et finance don
en majeure partie leur entretien par l'intermédiaire de
l'ONF, acteur de leur gestion durable.

Les forêts publiques librement accessibles accueillent désormais chaque année plus de **200 millions de visiteurs.** La randonnée à pied, à vélo, à cheval – que l'o soit adulte, enfant ou handicapé, public scolaire ou sportif –, est de plus en plus appréciée et recherchée. Afin de répondre à cette demande, l'**ONF** met en place des équipements d'accueil dans les forêts domaniales e les forêts gérées par les collectivités, en partenariat ave ces dernières. Il aménage en outre des circuits de découverte et d'hébergement.

BALADE AU VOLCAN / PHOTO L.E./ONF

s randonnées nature de l'ONF

ttant en valeur sa compétence de gestionnaire
spaces naturels et d'acteur engagé du développement
rable, **l'ONF** a créé, depuis une dizaine d'années, un
ncept de randonnées appelé **Retrouvance**®. Il s'agit de
données de découverte de la nature, qui se déroulent
dant une semaine en milieux préservés sous la
duite d'un accompagnateur, avec hébergement dans
gîtes forestiers et rencontres avec les forestiers.

OUVRIR LA NATURE / PHOTO P.C./ONF

CONTRE AVEC LE FORESTIER / PHOTO L.E./ONF

cuits écotouristiques à La Réunion

circuits « **Un jour, une forêt** » et « **Terres
thentiques** », mis en place depuis 2009 avec les
ritoires, respectent les principes de l'écotourisme :
couverte des patrimoines naturel et culturel,
sibilisation des visiteurs aux enjeux de leur préservation,
ombées économiques locales, groupes restreints.

Un jour, **une forêt** »

ade en forêt à la demi-journée, accompagnée par un
estier, homme de terrain passionné qui raconte la forêt
son métier. La visite s'achève par un repas, cari chauffé
feu de bois, dans l'authentique tradition des forestiers.
ste au Maïdo, dans le Sud Sauvage, à Cilaos et à Notre-
me-de-la-Paix. En projet sur Bébour-Bélouve. Pour en
oir plus : **www.onf.fr**, puis tapez « **+ffb** » dans le moteur
recherche.

GÎTE DE MARLA / PHOTO S.L./ONF

Les gîtes publics à la Réunion

Le domaine abrite 11 gîtes de randonnée répartis sur toute l'île. Propriétés du Département et gérés par l'ONF, ils sont exploités par l'Association des Gestionnaires des Gîtes de Montagne.
Pour en savoir plus :
www.onf.fr puis tapez « **+3c7** » dans le moteur de recherche.

Terres Authentiques

Randonnées accompagnées par un accompagnateur en montagne, sur 1 à 3 jours, à la découverte d'un territoire et de ses habitants. Authenticité, rencontre et partage sont à l'honneur pour une expérience unique. Existe sur le Volcan. En projet sur Mafate et sur la Roche Ecrite.
Pour en savoir plus :
www.onf.fr, puis tapez « **+f50** » dans le moteur de recherche.

Pour en savoir plus

www.onf.fr

Une mosaïque de milieux,
du battant des lames au sommet des montagnes

Î le volcanique et toit de l'océan Indien, La Réunion émerveille par ses paysages somptueux, ses milieux uniques et l'originalité de ses forêts tropicales. Espace préservé d'exception, l'île intense se dévoile au fil des promenades et randonnées, du battant des lames au sommet des montagnes...

La Réunion : **île volcanique**

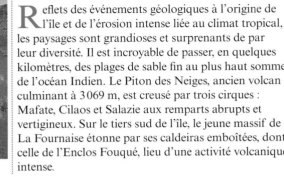

Reflets des événements géologiques à l'origine de l'île et de l'érosion intense liée au climat tropical, les paysages sont grandioses et surprenants de par leur diversité. Il est incroyable de passer, en quelques kilomètres, des plages de sable fin au plus haut sommet de l'océan Indien. Le Piton des Neiges, ancien volcan culminant à 3 069 m, est creusé par trois cirques : Mafate, Cilaos et Salazie aux remparts abrupts et vertigineux. Sur le tiers sud de l'île, le jeune massif de La Fournaise étonne par ses caldeiras emboîtées, dont celle de l'Enclos Fouqué, lieu d'une activité volcanique intense.

PLAINE DES SABLES
PHOTO M.S./ONF

La Réunion : **île tropicale**

La situation géographique de l'île, son relief complexe et son exposition aux vents alizés déterminent une multitude de microclimats, marqués par des variations extrêmes de températures et de pluviométrie.
Le versant oriental, dit « au vent » subit l'influence des vents chargés d'humidité : on y enregistre dans ses hauteurs des précipitations annuelles de plus de 7 mètres d'eau. À l'opposé, les pluies ne dépassent pas 500 mm sur le littoral du versant « sous le vent ». Les températures peuvent varier de 10 à 20 °C entre les Hauts et les Bas
de l'île. Le givre est fréquent durant l'hiver austral dès 1 600 m d'altitude et il peut neiger sur les sommets (2003, 2006).

PLAGE DE GRANDE ANSE
PHOTO M.S./ONF

Neige et feu au Piton de La Fournaise, octobre 2006 / PHOTO S.G. ▼

Diversité des milieux actuels et passés

La grande variété de climats, de sols et de reliefs a présenté des conditions d'installation remarquables pour la flore et la faune. Venues au gré des courants marins, des vents ou des migrations depuis les régions voisines, les plantes ont colonisé l'île pour composer une mosaïque de milieux. On distingue ainsi plus de 100 types d'habitats naturels. L'isolement de l'île a favorisé l'apparition d'espèces uniques – les endémiques – mais est également à l'origine d'une relative pauvreté des espèces animales. L'arrivée de l'homme au xviie siècle marque le recul de ces milieux primaires et la disparition de nombreuses espèces animales, dont la tortue géante de Bourbon et le perroquet Mascarin.

La valorisation agricole (café, canne à sucre, géranium…) et l'urbanisation galopante ont entraîné un défrichement massif des forêts, principalement à basse altitude : les savanes à Lataniers (palmier) ont totalement disparu, et les forêts semi-sèches et de bois de couleurs des Bas ne subsistent plus qu'à l'état de reliques. Les forêts de montagne furent épargnées, et les végétations des hautes altitudes n'ont guère subi de transformations. Aujourd'hui, La Réunion demeure néanmoins un espace préservé d'exception, avec plus de 35 % de sa surface encore couverte par des milieux primaires. Avec les autres îles du sud-ouest de l'océan Indien, La Réunion a été classée parmi l'un des 33 « hauts lieux » mondiaux de la biodiversité.

ORCHIDÉE
(*Bulbophyllum longiflorum*)
DESSIN L.H.

Indigène : Espèce arrivée sur l'île par des moyens naturels et présente avant l'arrivée de l'homme.

Exotique : Espèce introduite par l'homme.

Endémique : Espèce indigène dont l'aire de répartition est constituée par un territoire limité (une île, un archipel, un massif montagneux).

Milieu primaire : Milieu qui n'a jamais été modifié par l'homme.

Milieu secondaire : Milieu transformé par les activités humaines.

Animaux disparus de La Réunion

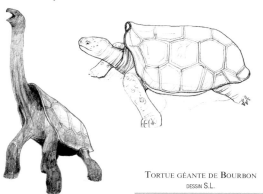

TORTUE GÉANTE DE BOURBON
DESSIN S.L.

MASCARIN DE LA RÉUNION
DESSIN S.L.

SOLITAIRE DE LA RÉUNION
DESSIN S.L.

Les milieux de **basse et moyenne altitudes**

CÔTE SAUVAGE
PHOTO M.S./ONF

BOIS DE SENTEUR BLANC
DESSIN L.H.

FORÊT DE BOIS DE COULEURS
DES BAS / DESSIN L.H.

Sur 207 km de côtes, le littoral est étonnant de diversité : des plages de sable blanc (corallien) ou noir (basaltique), bordées de filaos s'étirent principalement le long de la côte Ouest. Dans l'Est de l'île, des plages de galets hostiles à l'implantation végétale frangent le littoral. Dans le Sud-Est, les vacoas et les pelouses littorales dominent les falaises basaltiques et les trottoirs battus par l'océan.

Sous le climat semi-aride du versant « sous le vent », les savanes herbeuses et les fourrés d'épineux occupent aujourd'hui de vastes étendues. Les vestiges de forêts semi-sèches subsistent ponctuellement sur les pentes encaissées des ravines et abritent quelques espèces rares (bois de senteur, bois d'éponge,...).

La forêt de bois de couleurs des Bas a principalement été préservée dans le Sud ainsi que dans l'Est à mi-altitude. Cette forêt présente la richesse floristique la plus importante de La Réunion, avec plus de 40 espèces d'arbres dont le petit et le grand natte, le bois de perroquet, le bois de pomme rouge. Sous une dense canopée atteignant les 20 m de hauteur, on circule aisément dans un sous bois dégagé où les épiphytes contribuent à créer la magie de cette forêt.

PAILLE-EN-QUEUE / PHOTO S.D.

Les milieux de montagne

L'étage frais et humide de montagne, qui s'étend de 800-1 000 m à 1 600-2 000 m selon l'orientation des versants, accueille les fourrés et forêts préservés de montagne. La forêt de bois de couleurs des Hauts, avec une végétation luxuriante et abondante, est une parfaite représentation des forêts tropicales. Enveloppés de brumes fréquentes, ses arbres se couvrent généreusement de mousses, lichens et autres plantes épiphytes. De la basse canopée (8-10 m), où se mêlent le mapou, les mahots ou le bois de tambour, émergent les nombreuses fougères arborescentes qui érigent leur parasol au-dessus des plus grands arbres. Typiques de La Réunion, les forêts de tamarins des Hauts s'étendent sur des zones planes et régulièrement soumises aux incendies. Dans ce type de formation pionnière qui évoluera à terme en forêt de bois de couleurs des Hauts, le tamarin s'associe volontiers au bambou calumet, au brande vert ou aux bois de couleurs. Sensibles aux vents cycloniques, les tamarins s'inclinent et revêtent un aspect sinueux, caractéristique de ces forêts lumineuses.

BOIS DE TAMBOUR / DESSIN S.L.

FOUGÈRE ARBORESCENTE (*fanjan*) ÉMERGEANT DE LA CANOPÉE / DESSIN L.H.

FORÊT DE BOIS DE COULEURS DES HAUTS / PHOTO A.Br./ONF

FLEUR DE MAHOT
DESSIN L.H.

▲ *Sur les versants exposés aux pluies, les sols marécageux ont favorisé l'installation des **fourrés à vacoas des Hauts** (Pandanus montanus). Les racines échasses de ces pandanus de montagne, entremêlées à d'autres végétaux, forment un fouillis inextricable et rendent ces milieux impénétrables.* DESSIN S.L.

La végétation des hautes altitudes

CARNET DU NATURALISTE

Soumises aux conditions climatiques extrêmes des hautes altitudes, les forêts denses et vertes laissent progressivement la place aux paysages de landes rabougries. À partir de 1 700 m, ces milieux s'étendent à perte de vue. Les fourrés éricoïdes, dominés par les brandes et les ambavilles, changent de physionomie et deviennent plus épars avec l'altitude. Au milieu de ces vastes étendues apparaissent parfois des bosquets de petit tamarin des Hauts. Les pelouses altimontaines viennent aussi s'intercaler entre ces paysages de bruyères. Sur les parties sommitales du Piton de La Fournaise, les espaces se dénudent et abritent une végétation discrète et rare.

PETIT BOIS DE REMPART
DESSIN L.H

PELOUSE ET MARE D'ALTITUDE
DESSIN S.L.

PETIT TAMARIN DES HAUTS / DESSIN L.H.

PAYSAGE DE LANDES / DESSIN L.H

À la découverte des territoires réunionnais

À l'image de la diversité des milieux naturels présentés, La Réunion se compose d'espaces de vie à l'identité culturelle spécifique. Il serait réducteur d'aborder cette île aux multiples visages comme une seule entité, puisque sa richesse relève de sa diversité. Dans cet ouvrage, nous vous proposons de partir à la rencontre de lieux authentiques et insolites en parcourant six territoires, définis pour leurs particularismes : le Grand Nord, le cirque de Salazie et le Grand Est, le massif de La Fournaise, le cirque de Cilaos et Les Makes, le Grand Ouest, et le cirque de Mafate.

CILAOS / PHOTO A.C./ONF

CARTE DE LA RÉUNION
© FÉDÉRATION FRANÇAISE
DE LA RANDONNÉE PÉDESTRE

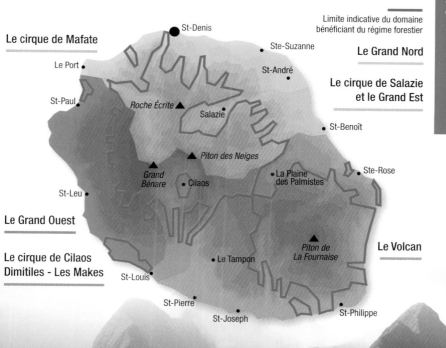

Limite indicative du domaine
bénéficiant du régime forestier

Le cirque de Mafate

Le Grand Nord

Le cirque de Salazie
et le Grand Est

Le Grand Ouest

Le cirque de Cilaos
Dimitiles - Les Makes

Le Volcan

St-Denis · Ste-Suzanne · St-André · Le Port · St-Paul · Roche Écrite ▲ · Salazie · St-Benoît · Piton des Neiges ▲ · Grand Bénare ▲ · Cilaos · La Plaine des Palmistes · Ste-Rose · St-Leu · Le Tampon · Piton de La Fournaise ▲ · St-Louis · St-Pierre · St-Joseph · St-Philippe

PHOTO A.Br/ONF

Grande photo : S.G.
En haut : A.C./ONF
Au milieu : OMT SAINT-ANDRÉ
En bas : B.D./ONF

Le Grand Nord :
regards insulaires vers le passé, sur le présent et questions d'avenir

Tourné vers les terres lointaines d'Europe, d'Afrique et d'Inde, le Grand Nord porte dans ses paysages de nature et de cultures, et dans ses villes, les repères essentiels de l'histoire de la conquête de l'île. Lieux de culte, vestiges, toponymie, bâtisses donnent un attrait particulier aux villes comme Saint-Denis, chef-lieu de l'île et première ville d'Outre-Mer, Sainte-Suzanne et Saint-André. Le territoire Nord se trouve plus qu'ailleurs confronté à son devenir ; en témoignent ces avancées urbaines parties à l'assaut des montagnes et des champs de canne, ces routes toujours insuffisantes et ces grands projets d'équipements : tram-train, route littorale... Les hommes devront faire preuve d'ingéniosité pour que La Réunion concilie son passé avec son avenir et conserve son authenticité. Chacun est donc invité à découvrir et comprendre sa diversité, son caractère, pour être l'acteur – résident ou visiteur – d'un développement respectueux d'un patrimoine sensible.

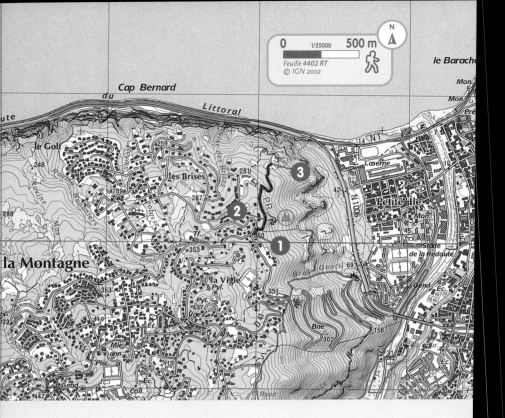

RÉUNION DES HOMMES, RÉUNION DES CULTURES

Située dans l'océan Indien, à l'est de Madagascar, La Réunion fait partie, avec les îles Maurice et Rodrigues, de l'archipel des Mascareignes. L'île fut d'abord un point de ravitaillement sur la route des Indes pour les navigateurs contournant l'Afrique. À partir de 1663 débute son peuplement avec l'arrivée de colons français, de serviteurs malgaches et de femmes indiennes. Pendant plus d'un siècle et demi, la pratique de l'esclavage a arraché plus de 200 000 personnes à l'Afrique de l'Est et à Madagascar. Le métissage de la population se poursuivra malgré la ségrégation engendrée par le système. Après 1848, date de l'abolition de l'esclavage, le métissage s'enrichit avec l'arrivée des « engagés » indiens, puis de Chinois. La complexité du peuplement et le mélange des ethnies sont à l'origine de cette société, où la diversité culturelle, la variété des modes de vie et les différentes religions s'expriment désormais dans un respect mutuel. Un exemple de tolérance…

Le sentier du **Cap Bernard**

PR® 1

TRÈS FACILE

1H • 1,5KM

Ce parcours offre un panorama exceptionnel sur l'agglomération de Saint-Denis et sur l'océan Indien, qui semble s'étendre à l'infini.

① Au bout du parking arboré, s'engager sur le chemin de terre *(pancarte)*. Le sentier descend en pente douce entre filaos et chocas verts.

② Laisser à droite le sentier *(signalétique bleue)* qui mène au site d'escalade et poursuivre tout droit. Le chemin bordé d'herbes *(vues étonnantes sur Saint-Denis)* continue à descendre jusqu'au cap Bernard.

> Le site offre un panorama sur l'océan et l'agglomération de Saint-Denis *(table d'orientation en lave émaillée qui permet de repérer les principaux quartiers et bâtiments du chef-lieu ; trois tables-bancs disponibles pour le pique-nique).*

③ Remonter par le même chemin pour retrouver le parking.

POINT DE VUE SUR SAINT-DENIS / PHOTO M.M.

S SITUATION
La Montagne, à 6 km du centre de Saint-Denis par la D 41 et le chemin de la Vigie

P PARKING
chemin de la Vigie (parking arboré à droite)

/ DÉNIVELÉE
altitude mini et maxi, dénivelée cumulée à la montée

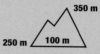

350 m

250 m / 100 m

B BALISAGE
jaune

À DÉCOUVRIR...

> En chemin :
• panorama sur Saint-Denis et l'océan
• table d'orientation

> Dans la région :
• La Montagne : zone de loisirs du Colorado, jardin de Cendrillon
• Saint-Denis : cases créoles du centre-ville, lieux de culte (église, mosquée, pagode, temple tamoul)

TERRITOIRES, ESPACES ET SOCIÉTÉ
URBANISATION ET AMÉNAGEMENT DU TERRITOIRE : UN DÉFI D'AVENIR

D'ici 2030, la population réunionnaise devrait augmenter de 30 % et dépasser le million d'habitants, alors que la densité de population est déjà

trois fois supérieur à la moyenne nationale. Confrontée à un territoire restreint, à l'existence d'espaces naturels et au nécessaire maintien de l'activité agricole, la pression urbaine s'intensifie. Les habitations s'étendent toujours plus loin sur les flancs des montagnes. La densification et l'augmentation de la population s'accompagnent de difficultés croissantes en termes de transports, de gestion de l'eau, d'énergie. Dans ce contexte, La Réunion doit imaginer des solutions innovantes pour pérenniser la qualité de vie de ses habitants. De grands projets d'aménagement sont en cours, les énergies renouvelables se développent…

URBANISATION DES HAUTS DE SAINT-DENIS / PHOTO M.S./ONF

Le sentier de la **Providence**

À proximité de la ville, le chemin permet d'explorer la forêt de la Providence et de découvrir de larges points de vue sur Saint-Denis.

① Au niveau des panneaux d'information, s'engager sur le sentier en direction du Brûlé. Le chemin s'élève dans la forêt *(chocas verts, palmiers royaux et grands arbres)*, continue l'ascension *(vues sur le quartier de la Providence)* et arrive au kiosque *(panorama sur la ville de Saint-Denis et l'océan)*. Poursuivre jusqu'à un embranchement.

② Partir à gauche en direction du Brûlé. Le sentier monte et atteint une bifurcation.

③ Laisser à gauche le sentier qui monte vers Le Brûlé et prendre le chemin plat à droite.

④ Descendre par la piste bétonnée à droite sur 50 m, puis prendre à droite le sentier d'interprétation de la Providence, avant de descendre à nouveau par la piste bétonnée à droite.

⑤ Quitter la piste bétonnée pour emprunter à droite le sentier d'interprétation. Il ramène à l'embranchement de l'aller.

② Continuer la descente tout droit pour retrouver le point de départ.

BIBE / DESSIN L.H.

PR® **2**

TRÈS FACILE

1H30 • 2,5KM

S SITUATION
Saint-Denis, domaine de la Providence, par l'allée de la Forêt, puis l'allée des Bois-Noirs

P PARKING
aire de pique-nique de la Providence

/ DÉNIVELÉE
altitude mini et maxi, dénivelée cumulée à la montée

240 m

50 m / 190 m

B BALISAGE
jaune

À DÉCOUVRIR...

> En chemin :
• panorama sur Saint-Denis et l'océan
• forêt de la Providence

> Dans la région :
• Rivière-des-Pluies : Vierge Noire
• Saint-Denis : musée Léon Dierx, jardin de l'État et muséum d'Histoire naturelle, le Grand marché et le Petit marché

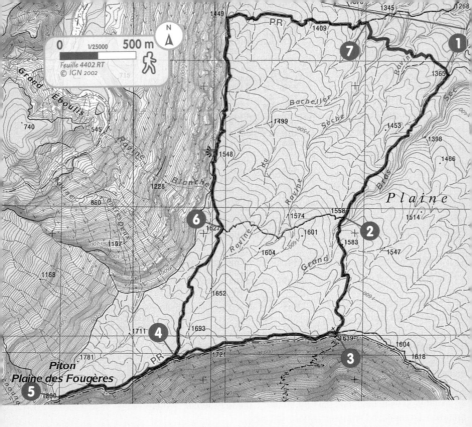

MILIEUX NATURELS, FAUNE ET FLORE
LES ÉPIPHYTES : UNE FORME BIOLOGIQUE ÉTONNANTE

Le terme épiphyte*, qui signifie littéralement « sur la plante », désigne les plantes qui parviennent à se développer sur d'autres végétaux, sans pour autant les parasiter et perturber leur croissance. À La Réunion, elles sont particulièrement nombreuses dans la forêt humide de basse altitude, et trouvent des conditions de développement optimales dans les forêts de montagne. Orchidées, mousses, lichens, fougères... colonisent abondamment les supports disponibles pour former un décor végétal luxuriant. Les mousses et les petites fougères comme les sélaginelles couvrent d'un épais manchon les branches et les troncs des arbres et créent de véritables petits jardins suspendus. L'ananas marron ou la canne marron (plantes indigènes* qui ressemblent respectivement à l'ananas et à la canne) sont deux espèces courantes des forêts de montagne.

Piton **Plaine des Fougères**

La Plaine des Fougères constitue un espace préservé d'exception, reconnu pour abriter une des plus remarquables forêts de l'île. Cette immersion dans la forêt primaire se complète par la découverte des reliefs de La Réunion.

① Du parking, redescendre la piste sur quelques mètres, puis emprunter le sentier à droite en direction de Bé Cabot - Salazie. Il débute par une montée en pente douce et traverse une remarquable forêt de tamarins et de bois de couleurs* des Hauts *(l'association singulière de mousses, d'épiphytes* et d'arbres majestueux lui confèrent cet aspect luxuriant).*

② Après une courte descente, monter par le sentier à gauche en direction du rempart de Salazie. Il poursuit son ascension au travers de cette forêt complexe, riche en espèces d'arbres et d'arbustes et atteint une intersection au bord du rempart.
> Accès au belvédère et au panorama sur le cirque* : prendre le sentier à gauche, en direction de Salazie, sur quelques mètres.

③ Prendre le sentier à droite (à gauche en venant du belvédère) et suivre la direction « Piton Plaine des Fougères ». Le sentier bosselé longe le rempart *(espaces remarquables où s'épanouissent des touffes de calumets)* et parvient à un deuxième belvédère.

④ Poursuivre tout droit sur 1 km pour atteindre le Piton Plaine des Fougères *(le site offre une vue exceptionnelle sur le cirque* de Salazie et le haut de la rivière des Pluies).*

⑤ Revenir sur ses pas jusqu'au deuxième belvédère.

④ Descendre à gauche vers la Maison Martin *(la forêt change une nouvelle fois d'aspect, là où les brandes prédominent ; au cours de la descente, le chemin débouche sur un site surprenant, où s'associent mousses, fougères et brandes)* et arriver à une bifurcation.

⑥ Continuer à gauche par le sentier qui descend en pente douce vers Maison Martin. Il passe un belvédère sur la rivière des Pluies, domine la ravine* puis vire à droite (est) et franchit plusieurs ravines *(prudence).*

⑦ À la bifurcation, poursuivre tout droit. Le chemin s'élargit, descend et rejoint le point de départ.

CALUMET / PHOTO A.BI./ONF

S SITUATION
Plaine des Fougères (Hauts-de-Beaumont), à 15 km au sud de Sainte-Marie par les D 62, route de Maison-Martin et route forestière de la Plaine-des-Fougères (en mauvais état)

P PARKING
extrémité de la route forestière

/ DÉNIVELÉE
altitude mini et maxi, dénivelée cumulée à la montée

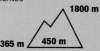

1365 m / 450 m — 1800 m

B BALISAGE
jaune

! DIFFICULTÉS !
• passages glissants et vertigineux • nombreuses racines aériennes, attention à vos chevilles

---

À DÉCOUVRIR...

> En chemin :
• calumets (petits bambous endémiques pouvant atteindre 5 à 6 m de haut)
• panorama sur le cirque de Salazie et le haut de la rivière des Pluies • forêt de tamarins et de bois de couleurs des Hauts

> Dans la région :
• Sainte-Suzanne : phare (monument historique et fonctionnel, unique dans l'océan Indien), cascade Niagara • Saint-André : temples tamouls (dont le fameux temple du Colosse), maison de la Vanille

MILIEUX NATURELS, FAUNE ET FLORE
ORIGINALITÉS DES FORÊTS RÉUNIONNAISES

La forêt réunionnaise a cette particularité d'être à la fois « tropicale » et « insulaire » ; elle présente ainsi certaines spécificités : un fort taux d'endémisme (cf. circuit n° 7), une diversité d'espèces végétales importante, une structuration spécifique.

On recense jusqu'à 40 espèces d'arbres par hectare, ce qui est considérable par rapport aux forêts tempérées (rarement plus de 5), mais modeste en comparaison des forêts tropicales continentales (jusqu'à 300).

La forêt réunionnaise se différencie des forêts équatoriales par une structuration forestière simplifiée. On distingue en général 3 strates* : une strate arborée de 7 à 15 m de hauteur, une strate arbustive comprise entre 1 et 7 m, et une strate herbacée dominée par les fougères. Certains qualifient ainsi la forêt réunionnaise de « forêt tropicale basse dense ». La faible hauteur et la densité de la canopée* réunionnaise résulteraient d'une adaptation aux passages réguliers des cyclones dans la zone.

Une autre spécificité des forêts de La Réunion est le faible développement des lianes. En revanche les plantes épiphytes* constituent une strate transversale tout à fait remarquable.

VOLCANISME ET GÉOLOGIE
AU CŒUR DE L'ANCIEN VOLCAN

Un trèfle, une fleur ? Non, ce sont les trois cirques* de La Réunion vus du ciel, trois gigantesques dépressions nées de l'effondrement de l'ancien massif du Piton-des-Neiges et du long travail de l'érosion : le cirque de Salazie au nord-est, le cirque de Cilaos au sud et le cirque de Mafate au nord ouest. Univers de verticalité, faits de remparts naturels, de crêtes et de pitons, ils offrent au gré de leur turbulence de petits replats sur lesquels les hommes se sont installés : les îlets*. La nature a doté les cirques de caractéristiques propres. Salazie est le cirque le plus arrosé de l'île. Verdoyant, exubérant, c'est le paradis des cascades et du chouchou, légume très apprécié à La Réunion. Cilaos est un cirque très aérien semblant être accroché au ciel. Il est célèbre pour ses lentilles, son vin et ses eaux thermales qui rappellent l'origine volcanique de l'île. Quant à Mafate, il est le plus chaotique. À l'intérieur, tout n'est que bouleversement, et les îlets qu'ont pu conquérir les hommes sont rares et souvent exigus. Il n'y a pas de route d'accès pour se rendre à Mafate… C'est à pied qu'on y pénètre.

SOUS LE PARASOL D'UNE FOUGÈRE ARBORESCENTE / PHOTO A.C./ONF

Sentiers Forestiers

4 à 8

Le cirque de Salazie et le Grand Est :
le pays de l'eau

Le territoire du Grand Est – Salazie se différencie du reste de l'île par son habit de verdure fait dans les Hauts de forêts indigènes, dans les Bas de champs de cannes à sucre. Cette végétation exubérante résulte de l'omniprésence de l'eau. À mi-pente du Piton des Neiges, les « forêts de nuages » de Bébour-Bélouve et de la Plaine des Lianes jouent le rôle d'une éponge géante : elles s'imprègnent inlassablement des pluies dont les niveaux atteignent des records mondiaux. Gorgées d'eau, elles alimentent les grandes rivières griffant la planèze et venant rejoindre le littoral par de grandes embouchures, lieux de pêche traditionnelle des bichiques. Les eaux vives se manifestent partout dans ces paysages sauvages marqués de multiples cascades et bassins remarquables. Laissant ces espaces à la nature, les hommes ont conquis au-delà du littoral le cirque pour y défier un relief violent et vivre paisiblement sur de petits îlets d'une agriculture vivrière typique.

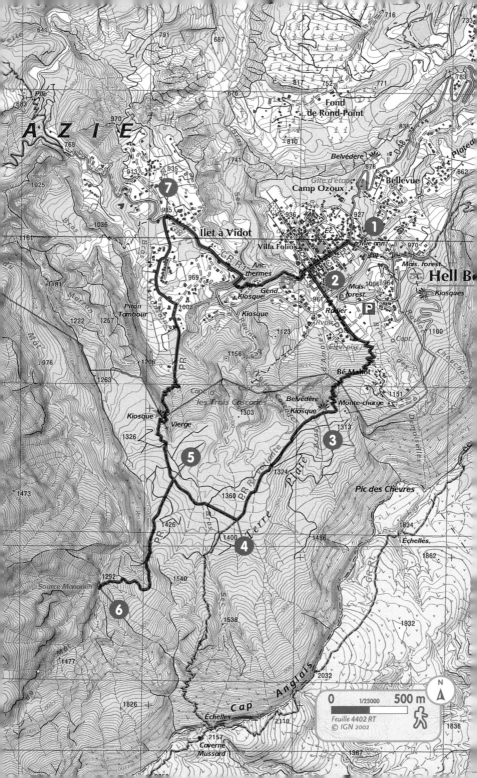

Hell-Bourg, Terre Plate et la source Manouilh

PR® 4

MOYEN

4H • 10,5KM

S SITUATION
Hell-Bourg, à 9 km au sud-ouest de Salazie par la D 48

P PARKING
mairie-annexe

DÉNIVELÉE
altitude mini et maxi, dénivelée cumulée à la montée

1450 m

950 m / 608 m

B BALISAGE
jaune

! DIFFICULTÉS !
• passages glissants entre **3** et **5**
• utilisation d'échelle à la descente puis à la montée entre **5** et **6**
• descente et montée raide entre **5** et **6**

Partant du cœur d'un des plus beaux villages de France, cet itinéraire conduit à une source ferrugineuse et offre de somptueux panoramas sur le cirque de Salazie.

① Traverser le village par la rue principale.

② À l'extrémité, prendre à gauche la route en direction du champ de foire, puis emprunter le sentier du Gymnase. Contourner le stade et poursuivre vers le cap Anglais. Le sentier commence par une montée à travers une forêt secondaire, puis s'agrémente de points de vue sur Hell-Bourg et le Piton d'Enchaing et atteint un belvédère aménagé *(vue sur le cirque)*.

③ Le chemin parcourt maintenant Terre Plate et traverse une forêt de cryptomérias *(rester prudent, le sentier peut s'avérer glissant)*.

④ À l'intersection, tourner à droite en direction de la source Manouilh.

⑤ À l'embranchement, prendre à gauche le chemin qui monte en pente douce et s'approche du bord de la ravine* *(vues sur la Rivière du Mât)*. Descendre par l'échelle puis le raidillon et entrer dans la forêt primaire qui se distingue nettement. La traversée de cette forêt de bois de couleurs* des Hauts aboutit à la source Manouilh *(la source se situe dans un cadre idyllique composé de cascades et de petits bassins ; lieu idéal pour faire une pause et se ressourcer)*.

⑥ Remonter à l'embranchement.

⑤ Suivre à gauche le chemin en direction d'Ilet-à-Vidot. Il décrit des lacets puis atteint un kiosque *(point de vue sur le cirque)*. Emprunter le sentier qui descend à droite du kiosque. Descendre par la route et rester à gauche.

⑦ Prendre la D 48 à droite et traverser le hameau d'Ilet-à-Vidot. Après 600 m, partir à gauche en direction des anciens thermes, franchir le lit de la rivière et gagner le site. Remonter par le sentier sur l'autre versant et rejoindre le carrefour de l'aller.

② Regagner le point de départ.

À DÉCOUVRIR...

> En chemin :
• forêt de cryptomérias de Terre Plate (plantée en 1956 sur plus de 110 ha)
• vues panoramiques sur le cirque de Salazie
• source Manouilh • site des anciens thermes

> Dans la région :
• Hell-Bourg : maison Folio, écomusée de Salazie et circuit des Cases créoles, cimetière paysager
• hameau et site de Mare à Poule d'Eau

TERRITOIRES, ESPACES ET SOCIÉTÉ
LE PARC NATIONAL DE LA RÉUNION

Le Parc national de La Réunion a été créé en 2007, afin de préserver l'exceptionnelle biodiversité de l'île. Neuvième parc national français, il a obtenu une reconnaissance internationale en 2010, avec l'inscription sur la liste du Patrimoine mondial du site des « Pitons, cirques et remparts », qui correspond à sa zone cœur.

Étagé entre 0 et plus de 3 000 m sur 40 % de l'île (105 400 ha), son cœur regroupe la plupart des espaces d'intérêt écologique, pour la flore comme pour la faune.

La flore est très riche : près de 850 espèces indigènes sont recensées, dont environ 45 % sont endémiques de La Réunion ou des Mascareignes. Les milieux naturels sont extrêmement variés : pandanaies, tamarinaies, forêts semi-sèches, forêts tropicales humides de basse ou moyenne altitude, landes d'altitude.

La faune est largement représentée, en nombre d'espèces, par les invertébrés, dont les araignées, mollusques et insectes. Plus de 2 000 espèces d'insectes sont connues, dont 25 % de papillons de nuit et 50 % de coléoptères. Plus du tiers sont endémiques de l'île. Certains mollusques sont très rares et menacés, comme le *Lantzia carinata*, connu dans une seule cascade de l'île. Parmi les reptiles, le lézard vert des Hauts, endémique de l'île, est essentiellement présent dans les forêts indigènes du cœur du Parc.

Aux côtés des deux espèces de chauvesouris insectivores, la roussette noire, espèce frugivore, est de nouveau présente depuis quelques années. Il existe également 40 espèces d'oiseaux nicheurs, dont 20 sont indigènes et neuf sont endémiques de l'île.

LE PÉTREL DE BARAU (*PTERODROMA BARAUI*), ESPÈCE MENACÉE / PHOTO H.D.

LE LÉZARD VERT DES HAUTS (*PHELSUMA BORBO NICA*) SUR LE REMPART DU MAÏDO / PHOTO S.D.M.

MILIEUX NATURELS, FAUNE ET FLORE

LE SAPIN CRÉOLE

Que font ces forêts de conifères aux troncs bien droits et aux allures de sapin sur les pentes du massif de la Fournaise, à Terre Plate à Salazie ou encore à la Plaine d'Affouches dans le nord de l'île ?

C'est au milieu du XXe siècle, dans un contexte d'après-guerre, que débutent les plantations. La Réunion a en effet besoin de bois pour construire et souhaite limiter les importations très coûteuses. Le cryptoméria, arbre originaire du Japon, est choisi en raison de sa croissance rapide, qui le rend exploitable à 35 ou 40 ans. Il est en outre adapté aux sols volcaniques, au climat montagnard, et résiste assez bien aux vents cycloniques. Ainsi, de 1950 à 1980, plusieurs millions de cryptomérias furent plantés dans l'île, entre 900 et 1 800 m d'altitude, principalement sur des espaces agricoles délaissés.

Les besoins en bois ne cessant d'augmenter et les surfaces exploitables étant limitées, l'objectif initial de couvrir la demande de bois de l'île devint illusoire. Cette initiative aura toutefois permis de structurer la filière bois et de créer de nombreux emplois. Par ailleurs, son impact écologique reste limité car le cryptoméria n'a pas de comportement envahissant.

Actuellement, les forêts de cryptomérias représentent environ 2 000 ha et leur exploitation couvre 5 % de la consommation locale. Ce bois de belle couleur jaune–brun est utilisé pour l'ameublement intérieur, le mobilier rustique, la petite charpente, le coffrage... Au fil du temps, ces forêts sont devenues des espaces de loisirs et de détente, très appréciés par les Réunionnais qui viennent y pique-niquer.

Ces forêts artificielles sont toutefois vouées à disparaître progressivement du paysage pour rendre la place aux milieux naturels. Après la coupe des cryptomérias, le retour des bois de couleurs est en effet favorisé par des opérations de « restauration écologique » (cf. circuit n° 19).

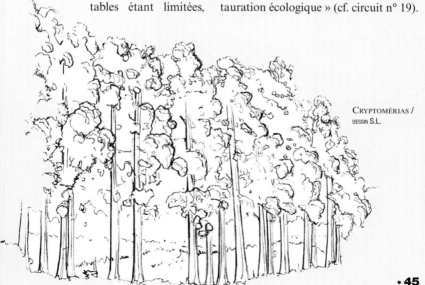

CRYPTOMÉRIAS / DESSIN S.L.

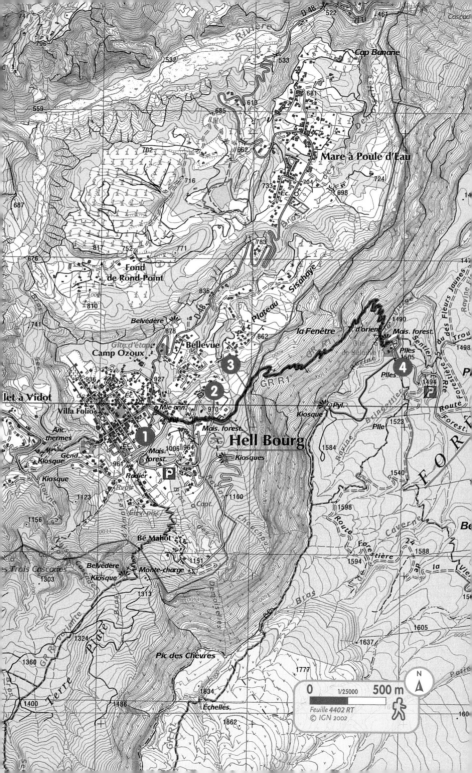

De **Hell-Bourg** au gîte de **Bélouve**

Depuis le village d'Hell-Bourg, le sentier escalade le rempart verdoyant et mène à la forêt de Bélouve. Au sommet, découvrez un point de vue panoramique sur l'ensemble du cirque de Salazie.

① De la mairie-annexe, monter par la rue André-Fontaine et poursuivre en direction de Bélouve par le chemin de Bélouve *(remarquables cases créoles et bambous à la taille démesurée)*. Il débouche sur une aire de pique-nique aménagée.

② Traverser la route et emprunter le GR® R1 en direction de la forêt de Bélouve. Le chemin plat longe une propriété privée *(à gauche, champ de chouchous sous les filaos)*.

③ Le sentier entame l'ascension du rempart et prend de l'altitude *(vue sur le cirque et notamment sur Mare à Poule d'Eau)*. Il s'élève en lacets, passe en bordure d'un mur végétal verdoyant *(mains courantes)*, puis progresse dans une zone boisée *(les goyaviers côtoient quelques bois de couleur* comme le tan georges ou le change écorce)*. À la fin de l'ascension, la pente s'avère plus forte et les lacets étroits. Le sentier passe sous les câbles de l'ancien téléphérique *(nombreux arums)* et parvient au gîte de Bélouve *(panorama spectaculaire sur le cirque de Salazie, Hell-Bourg, le Piton d'Enchaing, Grand Sable, le sommet de la Roche Ecrite...)*.

④ Redescendre *(prudence, passages pouvant être glissants)* par le même itinéraire.

PANORAMA SUR LE CIRQUE DE SALAZIE / photo A.Br./ONF

PR® 5

MOYEN

3H30 • 7KM

S **SITUATION**
Hell-Bourg, à 9 km au sud-ouest de Salazie par la D 48

P **PARKING**
mairie-annexe

/ **DÉNIVELÉE**
altitude mini et maxi, dénivelée cumulée à la montée

1505 m

935 m / 570 m

B **BALISAGE**
jaune

! **DIFFICULTÉS !**
• passages glissants
• passages étroits équipés (main courante)

À DÉCOUVRIR...

> **En chemin :**
• panoramas sur le cirque de Salazie
• ancien téléphérique
• gîte de Bélouve (repas et hébergement possible) : musée du Tamarin, sentier de découverte de la tamarinaie

> **Dans la région :**
• Hell-Bourg : maison Folio, écomusée de Salazie et circuit des Cases créoles, cimetière paysager
• hameau et site de Mare à Poule d'Eau
• Grand-Ilet : village et église Saint-Martin
• Salazie : Voile de la Mariée
• Îlet de Mare à Martin

EMPREINTE PAYSAGÈRE DU CHOUCHOU
DANS LE CIRQUE DE SALAZIE / PHOTO M.S./ONF

LE CHOUCHOU / PHOTO M.S./ONF

LE CHOUCHOU : EMBLÈME DE SALAZIE

Déjà cultivée par les Aztèques, cette plante originaire du Mexique prospère en Amérique latine et dans les pays tropicaux. Appelée chayotte dans le Sud de la France, christophine dans les Antilles, elle se nomme chouchou à La Réunion. C'est une plante grimpante à longues pousses, vivace et envahissante, qui pousse partout (au bord des routes, sur une treille, sur les pentes escarpées…) et dont on fait mille usages.

Introduit au milieu du XIXe siècle sur l'île, le chouchou trouva des conditions écologiques propices dans le cirque* de Salazie et conquit rapidement ces terres. À la fin du XIXe siècle, le chouchou était principalement cultivé à Salazie pour ses tiges et la qualité de ses fibres, qui servaient à la confection de chapeaux. La tige, lavée et séchée, donne des rubans de paille blanc argenté : la paille chouchou. Cette matière première était exportée à Paris, Rome, New York et procura des ressources importantes aux Salaziens au début du XXe siècle.

Aujourd'hui, le chouchou fait partie intégrante de la cuisine réunionnaise et toutes les parties de la plante sont utilisées. La racine ou « patate chouchou » sert à la confection de gâteaux et les pousses donnent les fameuses brèdes chouchou. Le fruit se consomme en légume et s'accommode de différentes manières : cru, cuit, farci ou en gratin. Composé à 90 % d'eau, cet aliment riche en vitamine C favorise une cuisine diététique et équilibrée.

Le cirque de Salazie produit actuellement plus de 90 % des chouchous de La Réunion. C'est l'endroit idéal pour déguster des plats à base de chouchou et pour admirer le travail des quelques artisans qui fabriquent encore paniers, chapeaux, bertels* à partir de la paille chouchou.

LES RISQUES NATURELS
ET L'OCCUPATION HUMAINE À LA RÉUNION

Avec un relief jeune et escarpé, des records mondiaux de pluviométrie, un volcan actif, l'île de La Réunion est régulièrement affectée par des phénomènes naturels exceptionnels : cyclones, inondations, glissements de terrain, éboulements, coulées de lave*…

Durant l'été austral, les dépressions tropicales et les cyclones, caractérisés par des vents violents et des pluies diluviennes, peuvent être à l'origine de crues, d'inondations, de coulées de boue, et provoquer des dommages considérables. En 1989, le passage du cyclone Firinga entraîna la mort de 4 personnes, détruisit 1 500 habitations et priva 250 000 personnes d'eau potable et d'électricité. Les dégâts matériels furent estimés à 152 millions d'euros.

En raison de l'intensité des précipitations et de la nature du relief de l'île, La Réunion est sujette à de nombreux mouvements de terrain, notamment au niveau des remparts et dans les cirques*. Les chutes de blocs sont par exemple fréquents sur la route du littoral… Plus rares, les éboulements de très grande ampleur (50 millions de m³ lors de l'effondrement du rempart de Mahavel – Saint-Joseph en 1965) peuvent avoir des conséquences dramatiques, comme ce fut le cas à Grand Sable - Salazie (voir encadré).

Pour réduire ces risques, de nombreuses actions de prévention, de surveillance et d'alerte sont menées à La Réunion. À titre d'exemple, les études préalables à la mise en place du Plan de Prévention des Risques (PPR) du cirque de Mafate ont identifié seulement 302 ha comme étant aménageables sur un territoire de 9 970 ha !

L'ÉBOULEMENT CATASTROPHIQUE DE GRAND SABLE

Dans le cirque de Salazie, le hameau de Grand Sable se situait au pied du Gros Morne et comptait 65 habitants. Le 26 novembre 1875, un gigantesque éboulement de 5 km de long, 2 de large et de plusieurs dizaines de mètres d'épaisseur déferla sur le village, tuant 63 personnes. Cet événement tragique est le plus meurtrier à ce jour à La Réunion.

DE GAUCHE À DROITE : POSE DE FILETS PARE-BLOCS ; CONSTRUCTION DE GABIONS / PHOTOS ONF RÉUNION

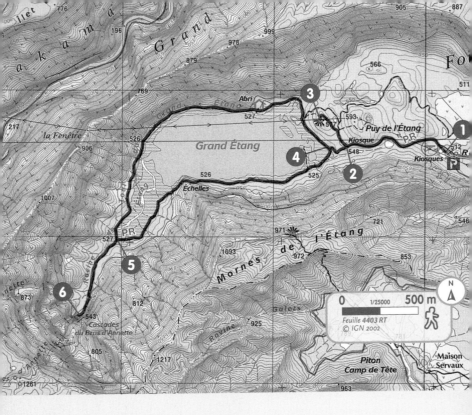

VOLCANISME ET GÉOLOGIE

GRAND ETANG : UN LAC VOLCANIQUE

Curiosité géologique unique à La Réunion, le Grand Étang forme une longue retenue d'eau au fond d'une vallée encaissée, délimitée par d'impressionnants remparts verdoyants. Cet étang résulte d'un barrage de la vallée, à l'origine profonde de 300 m, par un volcan, le puy de l'Etang, appartenant au massif de La Fournaise. L'étang change également

LE GRAND ÉTANG / PHOTO A.BR./ONF

ment d'aspect au cours des saisons. En saison sèche, il peut se vider complètement, alors que le niveau de l'eau peut augmenter de plus de 10 m lors de fortes précipitations cycloniques. En toute saison, le site reste attractif par ses diverses ambiances paysagères ; on ne manquera pas d'observer les oiseaux fréquentant l'étang.

Autour de **Grand-Étang**

Bercé par le chant des oiseaux, parcourez cette
balade au fil de l'eau autour de l'unique
lac d'altitude d'origine volcanique de
La Réunion.

> **Sentier souvent imprati-
cable en saison des pluies
car en partie submergé.**

① Prendre le chemin pierreux.
Il commence par une courte
montée dans une forêt humide

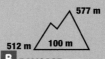

TEC-TEC / DESSIN S.L.

de basse altitude. Poursuivre tout droit par le
chemin qui s'aplanit et passe en bordure de goyaviers.

② Bifurquer à droite. Le chemin s'élève et arrive à un belvédère aménagé *(point de vue sur l'étang ; table de lecture ; le niveau de l'eau,
extrêmement variable, peut monter de plus de 10 m pendant les fortes
pluies ; il arrive également que l'étang s'assèche complètement).*

③ Redescendre à la bifurcation.

② Poursuivre à droite par la piste qui descend vers l'étang.

④ Emprunter à droite le chemin empierré qui longe l'étang *(au bord
de l'eau, le jamrosa est omniprésent ainsi que d'autres plantes invasives
telles que le mûrier ou le raisin marron)*. Le chemin se dirige vers les
cascades. Descendre par les escaliers, traverser le lit de la rivière et
reprendre le sentier en face.

⑤ Au croisement, continuer tout droit par l'allée empierrée qui
remonte la rivière *(d'abord au milieu des goyaviers, puis sous les fougères arborescentes (fanjans*) et parmi quelques bois de couleurs* (bois
de perroquet, bois maigre) ; l'écho des cascades s'intensifie à chaque
pas)* puis arrive au pied des cascades du Bras d'Annette.

⑥ Revenir au croisement, près de l'étang.

⑤ Emprunter le chemin de terre à droite. Il contourne l'étang par la rive
droite *(possibilité d'observer des papangues chassant les batraciens).*

④ Reprendre le large chemin qui monte à droite pour retrouver le
point de départ.

PR® 6

FACILE

3H • 8KM

S SITUATION
Grand-Etang, à 11 km au
sud-ouest de Saint-Be-
noît par la N 3 et la route
forestière de Grand-Etang

P PARKING
à l'extrémité de la route

/ DÉNIVELÉE
altitude mini et maxi,
dénivelée cumulée à la
montée

577 m
512 m / 100 m

B BALISAGE
jaune

! DIFFICULTÉS !
• passages glissants
• gué entre **4** et **5**

À DÉCOUVRIR...

> En chemin :
• point de vue sur Grand-
Étang
• cascades du Bras
d'Annette
• avifaune (papangue,
tec-tec, salanganes...)

> Dans la région :
• Bras-Panon : coopé-
rative de vanille (visite
guidée et vente), bassin
La Paix et bassin La Mer
• L'Ilet-Bethléem et la
Rivière des Marsouins
• La Rivière-du-Mât :
distillerie

•51

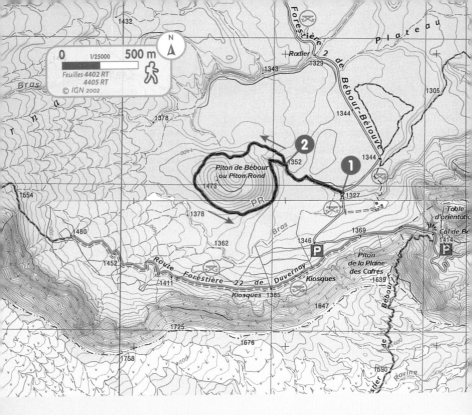

MILIEUX NATURELS, FAUNE ET FLORE

BÉBOUR : FORÊT PRIMAIRE ET CHÂTEAU D'EAU

Océan de verdure, la forêt de Bébour s'étend sur un vaste plateau jusqu'au Piton des Neiges et couvre près de 6 000 ha. L'eau est présente partout. Les nuages enveloppent la forêt au cours de l'après-midi et déchargent quelque 6 m d'eau par an. Les cours d'eau parcourent le plateau et certains se rassemblent à Takamaka pour former la Rivière des Marsouins, une des principales ressources en eau superficielle de l'île. Le plateau de Bébour joue ainsi un rôle de château d'eau, dans lequel la végétation participe au stockage et à l'alimentation des sources.

Parmi les huit types d'habitats naturels présents sur le plateau de Bébour, la forêt complexe de montagne, ou forêt de bois de couleurs* des Hauts, prédomine et se distingue par un excellent état de conservation.

FORÊT DE MONTAGNE À BÉBOUR / PHOTO J.T./ONF

Le tour du **Piton Bébour**

PR® 7

TRÈS FACILE

1H30 • 3KM

Autour du Piton Bébour, le sentier progresse dans une forêt préservée de bois de couleurs des Hauts et dévoile la richesse floristique que recèle ce type de forêt primaire.

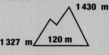

CHANGE ÉCORCE, FLEUR ET ÉCORCE / DESSIN L.H.

① S'engager sur le sentier *(pancarte « Tour du Piton Bébour »)*, bordé d'arums *(fleurs blanches ; floraison entre juillet et septembre)*. Il reste relativement plat, sur 400 m.

② Bifurquer à droite et commencer le tour du Piton. Le sentier s'élève en pente douce dans une ambiance humide et luxuriante et pénètre au cœur de la forêt primaire *(la diversité des bois de couleurs*, l'exubérance des épiphytes*, la profusion des fougères composent un décor unique ; en sous-bois, la densité des espèces végétales révèle une impression de fouillis inextricable)* avant de redescendre vers la pente sud du Piton *(quelques arbres volumineux couverts de mousses et de lichens se distinguent au bord du sentier)* et de rejoindre la bifurcation de l'aller.

② Reprendre à droite le sentier utilisé à l'aller pour retrouver le point de départ.

LE PITON BÉBOUR ET LA FORÊT DE BÉBOUR / PHOTO J.T./ONF

S SITUATION
forêt de Bébour, à 11 km au nord-ouest de La Plaine-des-Palmistes par la D 55 et la route forestière de Bébour-Bélouve

P PARKING
départ du sentier, à gauche de la route forestière

/ DÉNIVELÉE
altitude mini et maxi, dénivelée cumulée à la montée

1 430 m
1 327 m / 120 m

B BALISAGE
jaune

À DÉCOUVRIR...

> En chemin :
• forêt de bois de couleurs* des Hauts

> Dans la région :
• forêt de Bébour : sentier de Bras-Cabot
• col de Bébour : table d'orientation
• forêt de Petite-Plaine : sentier botanique

MILIEUX NATURELS, FAUNE ET FLORE
LA FORÊT DE BOIS DE COULEURS DES HAUTS

Le tour du Piton Bébour permet d'apprécier l'ambiance spécifique de la forêt de bois de couleurs* des Hauts. Ce milieu apparaît de prime abord comme un fouillis végétal, d'où dépassent les nombreux fanjans*. La distinction entre strates* arborée et arbustive est en effet moins nette qu'à basse altitude. De nombreux arbustes se mêlent aux arbres de la canopée*, qui n'excède pas les 10 m de haut. La strate herbacée est bien développée et les grandes fougères terrestres abondent. Dans une humidité constante, les épiphytes* trouvent des conditions adéquates de développement : les troncs et les branches des arbres volumineux se couvrent de mousses, de fougères et d'orchidées. Ce milieu abrite une grande diversité végétale. On recense par exemple plus de 50 espèces d'orchidées dans la forêt de Bébour. Parmi les 30 espèces d'arbres, les mahots, mapous, fleurs jaunes, bois de tambour sont typiques de l'étage montagnard. On retrouve également des espèces présentes à basse altitude, comme le tan rouge ou le change écorce.

MOUSSES ET ÉPIPHYTES DANS LA FORÊT DE MONTAGNE / PHOTO A.BR./ONF

MILIEUX NATURELS, FAUNE ET FLORE
LES ÎLES : MOTEUR DE LA BIODIVERSITÉ

L'intérêt majeur de la flore et de la faune de La Réunion est le taux élevé d'espèces endémiques*. Les îles océaniques, par leur isolement géographique, sont en effet des lieux propices à la création d'espèces nouvelles. La Réunion, issue du volcanisme sous-marin (cf. circuit n° 13), n'a jamais été reliée aux continents. Toutes les espèces végétales et animales sont venues sur l'île depuis les régions voisines, notamment d'Afrique et de Madagascar mais aussi d'Asie, en empruntant divers modes de dispersion : courants marins, vents et cyclones, oiseaux. La distance à parcourir pour rejoindre l'île effectue une première « sélection naturelle », qui explique en partie la pauvreté animale, contrastant avec l'abondance de certains peuplements végétaux (plantes à fleurs, mousses, orchidées et fougères). Une fois arrivés à destination, les nouveaux venus doivent s'adapter aux conditions écologiques de la terre d'accueil. Tous n'y parviennent pas. Cette seconde épreuve est appelée « indigénation ». L'isolement géographique et écologique incite ces espèces indigènes* à s'adapter et à se différencier. Ce phénomène complexe de « spéciation » aboutit à la création d'espèces nouvelles, les endémiques*, observées nulle part ailleurs dans le monde. Cette spécificité confère à La Réunion un fort enjeu patrimonial de conservation pour la préservation de ces espèces uniques et pour la continuité du processus de création et d'évolution des espèces…

EXEMPLES DE BIODIVERSITÉ À LA RÉUNION

Flore
- Plantes à fleurs : 500 espèces indigènes*, dont 34 % endémiques* de La Réunion et 22 % endémiques des Mascareignes ;
- Orchidées : 130 espèces indigènes ;
- Fougères : 250 espèces indigènes, dont 24 espèces endémiques de La Réunion.

Faune
- Mammifères : 2 espèces indigènes (chauve-souris) ;
- Oiseaux : 18 espèces indigènes, dont 8 endémiques de La Réunion ;
- Reptiles : 2 espèces endémiques ;
- Insectes : plus de 2 000 espèces indigènes.

LE BOIS DE CORAIL, ENDÉMIQUE DE LA RÉUNION / PHOTO A.BR./ONF

LE PÉTREL DE BARAU, ENDÉMIQUE DE LA RÉUNION / PHOTO T.G./SEOR

ANGRAECUM EXPANSUM, ORCHIDÉE ENDÉMIQUE RÉUNION-MAURICE / PHOTO A.BR./ONF

PHELSUMA INEXPECTATA, REPTILE ENDÉMIQUE DE LA RÉUNION / PHOTO B.D./ONF

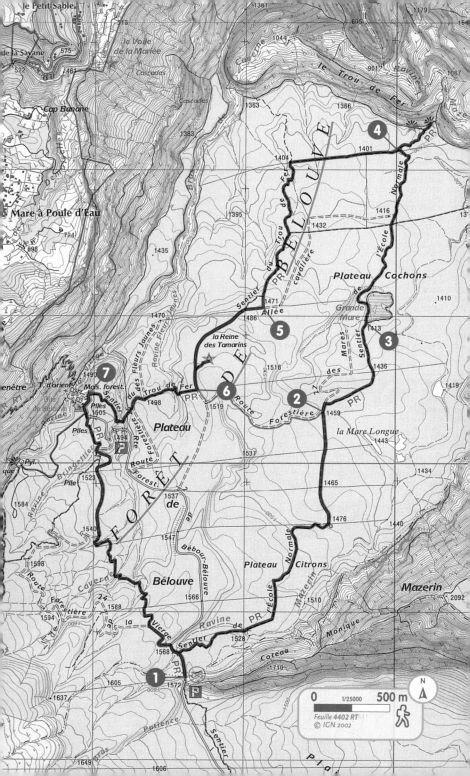

La forêt de **Bélouve**

Exubérante, luxuriante, abondante... et variée. Ce parcours dans la forêt de Bélouve invite à la découverte d'une végétation, où le tamarin est roi, entre forêt primaire et tamarinaie cultivée.

TANGUE / DESSIN L.H.

① Du parking, emprunter la route forestière sur 200 m, puis à droite s'engager sur le sentier de l'Ecole-Normale. Au bout *(point d'eau)*, poursuivre par la piste sur 800 m.

② Continuer tout droit sur 50 m, puis partir à droite sur le sentier en direction du Trou de Fer. Il traverse une tamarinaie cultivée, où les jeunes tamarins s'élancent au-dessus des nombreux fanjans* et conduit au site de la Grande Mare.

③ Poursuivre tout droit. Le sentier s'élève en approchant de la forêt naturelle. Grâce aux caillebotis, le chemin plat parcourt une forêt de tamarins et de brandes. À la croisée, continuer tout droit vers le Trou de Fer *(le sentier traverse désormais une forêt de tamarins et de bois de couleurs*, envahie par endroits de raisin marron)* et atteindre une intersection.

④ Descendre à droite jusqu'au point de vue du Trou de Fer, puis revenir sur ses pas.

④ Partir à droite vers le gîte de Bélouve. Le sentier, au cœur de la forêt primaire, traverse une végétation riche et abondante.

⑤ Prendre à droite la piste en direction du gîte de Bélouve. Après 700 m, bifurquer à gauche, par le pont de bois, pour accéder à la Reine des Tamarins. Revenir sur la piste et poursuivre.

⑥ S'engager sur le sentier à droite, en direction du gîte de Bélouve, à travers une zone de tamarinaie cultivée. Garder la direction du gîte de Bélouve par la piste, puis le sentier à droite. Franchir une ravine* et parvenir au gîte de Bélouve *(accès au point de vue sur le cirque de Salazie).*

⑦ Emprunter la piste sur 100 m, puis bifurquer à droite sur le sentier de la Tamarinaie. Poursuivre par la piste à droite, puis descendre à gauche par le sentier de la Vierge. Au bout, descendre par la piste à gauche, puis prendre la route forestière à droite pour retrouver le parking.

S SITUATION
forêt de Bélouve, à 20 km au nord-ouest de La Plaine-des-Palmistes par la D 55 et la route forestière de Bébour-Bélouve

P PARKING
Le Mazerin, juste avant la barrière

/ DÉNIVELÉE
altitude mini et maxi, dénivelée cumulée à la montée

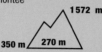

1572 m

1 350 m / 270 m

B BALISAGE
jaune

! DIFFICULTÉS !
passages glissants

À DÉCOUVRIR...

> En chemin :
• forêt de tamarins (faciès de tamarinaie naturelle et tamarinaie cultivée) • belvédère du Trou de Fer • la Reine des Tamarins (arbre vieux de plusieurs siècles et long de 22 m) • gîte de Bélouve (hébergement et restauration possible) : musée du Tamarin, sentier de découverte de la tamarinaie • panorama sur le cirque de Salazie

> Dans la région :
• La Plaine-des-Palmistes : domaine des Tourelles, fromagerie Garçonnet

ASPECT TORTUEUX DU TAMARIN DES HAUTS / PHOTO M.S./ONF

MILIEUX NATURELS, FAUNE ET FLORE
LA FORÊT DE TAMARINS DES HAUTS :
NATURELLE ET CULTIVÉE

La forêt de tamarins des Hauts, appelée également tamarinaie, est une formation propre à La Réunion et dominée par un arbre endémique* : le tamarin des Hauts. Cet arbre se distingue par un aspect tortueux qui marque ce type de forêts. Les tamarins, qui peuvent vivre plusieurs centaines d'années, se courbent et prennent des postures inattendues, formant parfois des arches sous lesquelles passent les sentiers. La tamarinaie n'en est pas pour autant uniforme et revêt diverses apparences en fonction des espèces végétales qui s'associent au tamarin. La forêt à tamarins et calumets se caractérise par un sous-étage assez dense de ce bambou endémique. Dans la forêt à tamarin et à brande vert, on note un épais tapis de mousses et de fougères ; tandis que la forêt à tamarin et à bois de couleurs* se caractérise par la diversité des espèces forestières arborées qui se mêlent au tamarin.

Le tamarin est en outre une espèce pionnière qui colonise rapidement les surfaces mises à nues par des incendies. C'est cette particularité qui donna l'idée aux forestiers dans les années 1950 de cultiver cette essence. Le bois de tamarin est en effet très apprécié par les ébénistes pour sa qualité et s'utilise traditionnellement pour la fabrication de meubles et de bardeaux. Il n'est toutefois pas des plus commodes à cultiver en raison de son port si tortueux ! La sylviculture du tamarin vise ainsi à obtenir des troncs plus rectilignes. Par ailleurs, au cours des diverses étapes de la sylviculture, on conserve les fanjans* et les bois de couleurs* dans un objectif de préservation de la biodiversité*. Ces espaces dits de tamarinaie cultivée offrent ainsi une atmosphère particulière, où les fougères arborescentes abondent sous le couvert clair des jeunes tamarins.

La forêt de Bélouve est l'une des deux principales forêts de production de Tamarin.

MILIEUX NATURELS, FAUNE ET FLORE
PLANTES EXOTIQUES ET PESTES VÉGÉTALES

Depuis son arrivée, l'homme a introduit, volontairement ou non, près de 3 000 espèces exotiques* venant de toutes les parties du monde. Certaines d'entre elles ont trouvé des conditions écologiques adéquates et prolifèrent au détriment des espèces endémiques*. Parfois appréciées pour leur aspect ornemental, leur parfum ou leur qualité gustative, ces pestes végétales* ont pourtant des comportements colonisateurs. Leur pouvoir d'adaptation, leur rapidité de multiplication, leur résistance et l'absence de leurs prédateurs naturels, leur permettent d'envahir l'ensemble des écosystèmes* naturels de l'île. Appréciant généralement la lumière, elles profitent des ouvertures artificielles (défrichement, route) ou naturelles (cyclones) pour s'installer, et empêchent la régénération* des espèces indigènes*. Elles entraînent ainsi la disparition progressive de certaines espèces endémiques, et représentent la principale menace pour les milieux naturels de l'île.

Aussi, de nombreux programmes de lutte et d'actions de prévention sont menés pour tenter de les éradiquer ou du moins de limiter leur propagation (cf. circuit n° 19).

QUELQUES EXEMPLES DE PESTES VÉGÉTALES

1 Longose : cette herbacée forme des tapis très denses dans les sous-bois obscurs.

2 Galabert : ses fleurs lui ont valu le surnom de « corbeille d'or ».

3 Liane papillon : elle recouvre et entoure les plantes jusqu'à les étouffer.

4 Goyavier : cet arbuste possède des fruits rouges et charnus très appréciés par la population.

5 Raisin marron : il forme des fourrés épineux très denses qui étouffent toute végétation.

6 Ajonc d'Europe : espèce très envahissante dans les formations éricoïdes*.

PHOTOS : A.Br./ONF (1) ; A.C./ONF (2, 5, 6) ; J.T./ONF (3) ; M.S./ONF (4)

Grande photo : S. G.
En haut : M.S./ONF
Au milieu : C.L.-C/ONF
En bas : A.Bl./ONF

La Fournaise :
la magie de la création

Avec ses éruptions spectaculaires – plus de 200 en 3 siècles – le massif de La Fournaise est un lieu d'exception : la genèse de la Terre y est racontée. On y observe d'impressionnants remparts, témoins des heures les plus violentes de son histoire géologique, de profondes vallées, des déserts d'altitude à l'aspect chaotique, voire austère, de nombreux petits pitons. On se laisse aussi surprendre par des milieux où s'est développée une nature riche et généreuse. À la faveur du climat tropical, la vie reprend rapidement ses droits et donne naissance à une diversité étonnante de paysages : des landes teintées de mystère, des tamarinaies lumineuses, des forêts cathédrales de bois de couleur, des fourrés marécageux impénétrables. L'homme n'a pas non plus délaissé cette terre brûlée : passé le temps des craintes, il s'est progressivement installé sur les pentes les plus anciennes du volcan. Des pâturages, des forêts cultivées, des champs de cannes à sucre, des bananeraies et de nombreux petits hameaux ont fleuri sur les flancs de la montagne de feu.

Le sommet du **Volcan**

PR® 9

DIFFICILE

4H30 • 11,5KM

Classique, mythique et incontournable, l'ascension du Piton de La Fournaise constitue un voyage insolite au cœur du monde.

> **Attention, le tracé peut être modifié en fonction de l'activité du volcan.**

(1) Emprunter le sentier du Volcan à gauche du parking et longer le rempart sur 600 m.

(2) Partir à droite, descendre le rempart *(oiseaux tec-tec ; vue sur l'Enclos Fouqué* et le Piton de La Fournaise)* et parcourir l'Enclos sur des plaques de lave cordée.

(3) Passer le Formica Léo *(ce cône scoriacé doit son nom à sa forme particulière qui rappelle le travail de la larve du fourmilion ; de couleur ocre rouge, il est le résultat d'une éruption de type strombolien survenue en 1753).*
> **Ne pas gravir le Formica Léo** *(le piétinement favorise l'érosion).*
Parvenir à la Chapelle de Rosemont *(formation appelée tumulus qui témoigne d'un ancien point d'émission d'où la lave* a jailli sous forme de piston).*

(4) Continuer en montant sur la gauche pour contourner le flanc nord du volcan. Passer au-dessus du cratère Julien *(les boîtes blanches que l'on aperçoit sont des stations d'observation vulcanologique).* Poursuivre sur le flanc est du cratère, qui domine les Grandes Pentes *(grande variété des produits de l'activité volcanique : coulées* aa *ou* pahoehoe, *dômes et tunnels de laves, fissures éruptives).* Atteindre le point d'observation du cratère Dolomieu.

> **Attention, ne pas s'approcher du bord du cratère. Des effondrements de grande ampleur peuvent se produire à tout moment.**

(5) Le retour s'effectue par le même itinéraire que l'aller.

LE PITON DE LA FOURNAISE
ET LA PLAINE DES SABLES / PHOTO J.RO.

S SITUATION
Pas de Bellecombe, à 26 km à l'est de Bourg-Murat par la route forestière du Volcan (point kilométrique 22,7)

P PARKING
Pas de Bellecombe

/ DÉNIVELÉE
altitude mini et maxi, dénivelée cumulée à la montée

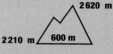

2620 m

2210 m / 600 m

B BALISAGE
marques blanches au sol

! DIFFICULTÉS !
sol ponctuellement chaotique

À DÉCOUVRIR...

> En chemin :
• belvédère du Pas de Bellecombe • Formica Léo • « Chapelle » de Rosemont • cratères sommitaux (Bory et Dolomieu)
• vues panoramiques sur les caldeiras • produits de l'activité volcanique (coulées aa et *pahoehoe*, fissures éruptives, cônes et pitons)

> Dans la région :
• Bourg-Murat : maison du Volcan, palais du Fromage
• gîte du Volcan : sentier d'interprétation sur la colonisation végétale des laves en altitude • belvédères du Pas-des-Sables et du Nez-de-Bœuf • belvédère du Piton-Partage

VOLCANISME ET GÉOLOGIE
Un volcan en marche...

L'histoire du massif de La Fournaise est marquée par une série de grands accidents tectoniques associant effondrements verticaux, glissements de flancs et éruptions paroxysmales consécutives à la rencontre explosive du magma* et de l'eau. Il en est résulté des paysages caractéristiques : les caldeiras*, terme d'origine portugaise signifiant « chaudron ». Trois de ces structures semi-circulaires sont bien visibles sur le massif : la caldeira de la Rivière des Remparts datée à – 290 000 ans, la caldeira de la Plaine des Sables (- 65 000 ans) et la caldeira de l'Enclos* (- 5 000 ans), au sein de laquelle a pris position le Piton de La Fournaise. Vues du ciel, elles dessinent un grand escalier en fer à cheval enveloppant le cône volcanique central.

Ausculter le volcan

Sentir battre le cœur de La Fournaise, écouter la moindre pulsation… Observer le plus petit gonflement, la moindre déformation… Ecouter, entendre et, au cas où, alerter : c'est le travail de l'équipe de l'Observatoire volcanologique du Piton de La Fournaise. Installé depuis 1980 à Bourg-Murat, cet organisme rassemble et analyse de nombreuses données dans un but de recherche, de surveillance et de prévention des risques. De multiples stations ont ainsi été installées sur les flancs du volcan afin de recueillir différents types de données : sismicité, déformation du massif, émissions gazeuses et variations magnétiques. Au cours de la randonnée du tour des cratères, vous ne manquerez pas d'observer quelques-unes de ces stations.

En cas d'éruption

Lorsque l'Observatoire volcanologique détecte une activité géophysique anormale, il prévient la préfecture qui met en action le « Plan de Secours spécialisé éruptions volcaniques », qui prévoit quatre phases : vigilance volcanique ; alerte 1 (éruption imminente ; l'accès à l'Enclos est interdit) ; alerte 2 (éruption dans l'Enclos) ; et l'alerte 3 (éruption hors Enclos). Lorsque l'éruption est déclarée et stabilisée, des phases de reconnaissance conjointe entre la préfecture, l'Observatoire volcanologique, le peloton de Gendarmerie de haute montagne (PGHM) et l'Office national des forêts (ONF) sont organisées. Si l'éruption est accessible et sans danger, les agents de l'ONF balisent un itinéraire d'approche jusqu'à un point d'observation pour que le public puisse profiter de ce spectacle naturel exceptionnel.

VOLCANISME ET GÉOLOGIE

FÉERIE À LA FOURNAISE...

À La Réunion, chaque éruption est un spectacle que l'on se presse d'aller admirer. Les éruptions du massif de La Fournaise ont en effet la réputation d'être peu dangereuses car peu explosives. Elles sont majoritairement de type effusif (hawaiien) et se manifestent par des fontaines et des coulées de lave* très fluides qui peuvent parcourir plusieurs kilomètres avant de s'arrêter. Les coulées, qui ont une croûte plus ou moins lisse, sont nommées *pahoehoe* (terme hawaïen). Ces laves s'écoulent en général dans des chenaux. Lorsque les éruptions durent longtemps, il peut se former en surface une carapace sous laquelle la lave continue de s'épancher : on parle d'écoulement en tunnels. D'autres coulées présentent une surface chaotique, morcelée et mate : ce sont les coulées *aa* (terme hawaïen), dités également « en gratons ». Contrairement aux précédentes, elles avancent à la manière de la chenille d'un char et ne forment pas de tunnels.

Pendant l'éruption, des fragments de lave sont éjectés sous l'action du dégazage. En fonction de leur dimension, on les nomme : cendres (moins de 2 mm), lapilli (de 2 mm à 64 mm) ou bombes (plus de 64 mm). Quant aux cheveux de Pélé, ce sont de fines et légères aiguilles de verre nées de l'étirement de petites gouttelettes de lave par le vent. On peut les trouver dans de petits recoins où elles s'accumulent au gré des courants d'air et du ruissellement.

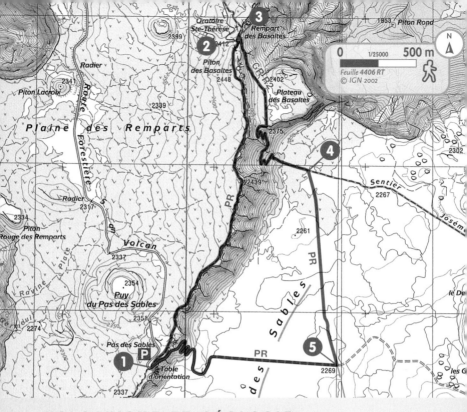

VOLCANISME ET GÉOLOGIE

DÉSERT LUNAIRE

Il y a environ 65 000 ans, La Fournaise fut le théâtre de gigantesques effondrements qui donnèrent naissance à une caldeira*, délimitée à l'ouest par l'imposant rempart des Sables. Aujourd'hui, un vaste plateau d'aspect lunaire occupe le fond de cette dépression. Son apparence actuelle ne date que d'environ 1 000 ans et est associée à la formation du Piton Chisny, le plus jeune des trois pitons émergeant du plateau. L'éruption de ce dernier fut assez violente, projetant une grande quantité de lapilli. Ces fragments de lave*, de la taille de petits graviers, caractérisent le paysage volcanique de ce site et lui ont sûrement valu le nom poétique de Plaine des Sables… Les jolies couleurs rouges qui apparaissent à la faveur d'un rayon de soleil sont les témoins d'une intense activité fumerollienne passée. L'éruption a également produit de volumineuses coulées de lave qui se sont déversées dans la vallée de la Rivière Langevin pour atteindre la mer 17 km plus bas et former sur le littoral la pointe de Langevin.

LE PITON CHISNY / PHOTO M.S./

La Plaine des **Sables**

PR® **10**

FACILE

2H45 • 7,5KM

Magique et surnaturelle, la Plaine des Sables fait partie de ces lieux envoûtants qui laissent des étoiles plein les yeux.

(1) Prendre le sentier en direction de l'oratoire Sainte-Thérèse. Le chemin, recouvert de lapilli, s'élève dans la végétation de bruyères et évolue le long du rempart *(points de vue sur la Plaine des Sables, le Piton des Neiges et les crêtes du cirque de Cilaos qui se détachent à l'ouest).* Passer près d'une station d'observation volcanologique et continuer tout droit.

(2) Descendre par le chemin à droite. Il mène, quelques mètres après, à l'oratoire Sainte-Thérèse.

(3) Descendre à droite par le GR® R2 en direction du Pas des Sables. Le sentier se rétrécit en bordure de la falaise *(vues sur le fond de la Rivière de l'Est et le Plateau des Basaltes).* Traverser le plateau et poursuivre la descente en lacets. En bas, le sentier se glisse dans un îlot de petits tamarins des Hauts, puis atteint la Plaine des Sables. Continuer tout droit.

(4) Bifurquer à droite vers le « sentier de la Rivière Langevin ». Le sentier traverse un désert lunaire *(où quelques plaques de lave cordée émergent du manteau de lapilli),* puis une coulée aa *(dont les couleurs sombres contrastent avec les reflets clairs des touffes éparses de brandes blanc ; en face, le Piton Chisny diffuse ses plus belles teintes ocre et rouge)* et continue au sud.

(5) Prendre la piste à droite. Elle pénètre au cœur de l'étendue de lapilli, progresse en direction de l'imposant rempart des Sables et s'élève en larges lacets jusqu'à la table d'orientation. Rejoindre le parking.

MYOSOTIS DE BOURBON / DESSIN M.S./ONF

S **SITUATION**
Pas des Sables, à 20 km à l'est de Bourg-Murat par la route forestière du Volcan (point kilométrique 17)

P **PARKING**
Pas des Sables, à côté du panneau d'information

/ **DÉNIVELÉE**
altitude mini et maxi, dénivelée cumulée à la montée

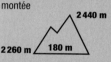

2 440 m

2 260 m / 180 m /

B **BALISAGE**
jaune

! **DIFFICULTÉS !**
passage vertigineux entre **3** et **4**

À DÉCOUVRIR...

> **En chemin :**
• belvédère du Pas-des-Sables (table d'orientation) • végétation éricoïde* d'altitude
• oratoire Sainte-Thérèse
• panorama sur le fond de la Rivière de l'Est, la Plaine des Sables, le Piton Chisny et le Piton de La Fournaise
• Plateau des Basaltes
• Plaine des Sables

> **Dans la région :**
• Bois-Court : point de vue sur Grand-Bassin

PR® 11

Le rempart de la **Rivière de l'Est**

Vues imprenables depuis le haut du rempart, paysages de landes et de pitons, teintes rougeâtres des scories… L'alternance de ces paysages permet de découvrir des aspects surprenants et variés du volcan.

① Du parking, emprunter à droite le GR® R2 *(panneau « gîte du Volcan - Pas de Bellecombe »)*. Le chemin progresse dans une ambiance caractéristique (teinte rougeâtre des scories, lave en pavé, végétation des hautes altitudes) entre les brandes et les ambavilles, puis traverse une prairie naturelle d'altitude.

② Couper la piste forestière et poursuivre par le GR® R2. Le sentier s'élève en pente douce, traverse à quatre reprises la route forestière et atteint le bois Ozoux *(site remarquable constitué par un bosquet à petit tamarin des Hauts ; kiosque et table-banc)*. Continuer l'ascension sur le chemin couvert de scories et parvenir à la stèle Josémont Lauret. Poursuivre jusqu'au rempart *(vue sur la Plaine des Sables, le Plateau des Basaltes et le fond de la Rivière de l'Est)*.

③ Quitter le GR® et prendre à gauche le sentier de Crête du Rempart de la Rivière de l'Est *(nombreux promontoires permettant de bénéficier des vues sur le fond de la Rivière de l'Est)*. Le sentier devient plus caillouteux et traverse des sites où les brandes verts prennent l'allure d'arbustes de plusieurs mètres de haut. Il change d'orientation et quitte le bord du rempart. Continuer la descente le long d'une clôture et atteindre le parking situé à l'entrée de la zone pastorale du Piton de l'Eau.

④ Prendre à gauche le sentier du Piton Tangue. Suivre ce sentier parallèle à la route forestière 44 du Piton de l'Eau, qui traverse des paysages remarquables *(petites dunes de lapillis aux teintes rouges)*.

⑤ Au croisement avec le Route Forestière, continuer tout droit jusqu'au parking.

« DUNES » DE SCORIES / PHOTO A.C./ONF

Informations pratiques

S **SITUATION**
Piton Textor, à 12 km à l'est de Bourg-Murat par la route forestière du Volcan

P **PARKING**
Piton Textor, à gauche de la route forestière

/ **DÉNIVELÉE**
altitude mini et maxi, dénivelée cumulée à la montée

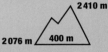

2 410 m

2 076 m / 400 m

B **BALISAGE**
jaune

À DÉCOUVRIR…

> **En chemin :**
• végétation des hautes altitudes (fourrés éricoïdes et prairie d'altitude)
• stèle Josémont Lauret
• panoramas sur le fond de la Rivière de l'Est, la Plaine des Sables et le Plateau des Basaltes

> **Dans la région :**
• Piton de l'Eau
• Notre-Dame-de-la-Paix : village, belvédère et forêt

TERRITOIRES, ESPACES ET SOCIÉTÉ
L'AUVERGNE TROPICALE...

Sur les pentes ouest de La Fournaise, les fermes, les pâturages, la présence de bovins évoquent des ambiances d'Auvergne. Les prairies, parsemées de petits tamarins des Hauts, s'étendent aux côtés d'anciens pitons recouverts de végétation. C'est à la fin du XIXᵉ siècle que débuta l'activité agropastorale à la Plaine des Cafres ; un élevage collectif divagant et très extensif se développe alors sur les pentes anciennes du volcan. Ce type de pratique dégradant les milieux naturels, des groupements pastoraux se mettent en place à partir des années 1980 pour sédentariser les troupeaux. Les espaces ainsi délimités créent ces paysages nouveaux, façonnés par la main de l'homme, où s'associent singulièrement pâturages et pitons.

PÂTURAGES DANS LE HAUT DE LA PLAINE DES CAFRES / PHOTO M.S./ONF

MILIEUX NATURELS, FAUNE ET FLORE
LES FOURRÉS ÉRICOÏDES D'ALTITUDE

Dans les hautes altitudes de l'île, la végétation forme des fourrés assez denses de 1 à 3 m de hauteur aux allures de bruyères, dominées par des teintes vertes, jaunes, blanches. Cette végétation, dénommée éricoïde*, est spécifique à La Réunion et se compose essentiellement d'espèces endémiques* comme les brandes vert et blanc, l'ambaville ou le petit velours. Les fourrés éricoïdes se développent à partir de 1 700 m sur les parties sommitales de

l'île, où les conditions climatiques extrêmes ont contraint les espèces végétales à s'adapter. La majorité des plantes a ainsi des feuilles de petite taille, épaisses avec une forte pilosité – autant d'adaptations à la sécheresse. Les fourrés éricoïdes* se caractérisent ainsi par une faible diversité d'espèces, mais aussi par un fort taux d'endémisme.

AMBAVILLE BLANC, BRANDE VERT ET BRANDE BLANC / PHOTO A.C./ONF

VOLCANISME ET GÉOLOGIE
LE PLATEAU DES BASALTES

La morphologie actuelle du massif de La Fournaise s'explique par une succession d'effondrements ayant donné naissance à des caldeiras* et par le remplissage de ces dernières par des coulées. Le Plateau des Basaltes en est un témoin privilégié. Lors de la formation du rempart des Sables, le compartiment oriental s'est effondré (la future Plaine des Sables) tandis que le compartiment occidental restait immobile. Bloquées dans leur écoulement vers l'ouest par ce nouvel obstacle, les coulées émanant du centre actif de La Fournaise se sont accumulées au pied du rempart. Elles ont ainsi donné naissance à une immense planèze*. Plusieurs milliers d'années plus tard, un nouvel accident du même type, a affecté le plateau nouvellement édifié. Toutefois, les limites ayant légèrement changé, une partie de la planèze n'a pas bougé et constitue le Plateau des Basaltes actuel. Il s'offre aujourd'hui à nos yeux comme un témoin du premier remplissage de la Plaine des Sables.

PLATEAU DES BASALTES / PHOTO M.S./ONF

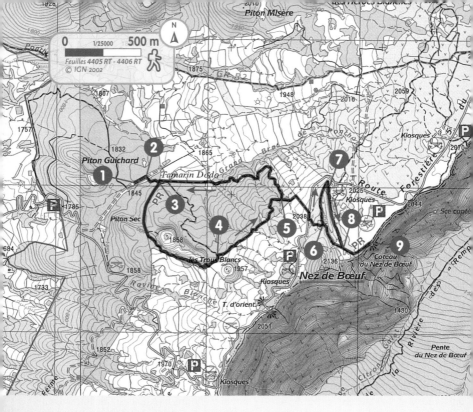

VOLCANISME ET GÉOLOGIE
LES COLÈRES DU VOLCAN

L a Réunion est connue pour ses éruptions volcaniques peu dangereuses durant lesquelles les laves* s'épanchent en longues coulées spectaculaires. Pourtant la vie du volcan est ponctuée d'épisodes violents, qui sont la conséquence fortuite de la rencontre du magma* et de nappes d'eau. Ce mariage contre-nature produit des explosions paroxysmales accompagnées de projections de cendres et de blocs ; il s'ensuit la formation d'un cratère en entonnoir. Le plus bel exemple en est le cratère Commerson qui date d'environ 2000 ans ; les Trous Blancs plus anciens (environ 6000 ans) ont une origine similaire. Bien plus récemment, en 1860, une explosion phréatique du sommet de La Fournaise a émis des cendres qui ont recouvert un bateau à 25 km des côtes !

Autour des **Trous Blancs**

Balade atypique sur les pentes d'un volcan où pâturages et pitons se côtoient pour former un paysage hors du commun. La découverte des Trous Blancs est inattendue et surprenante.

(1) Emprunter la route forestière à la montée, sur 100 m, jusqu'à un virage prononcé sur la gauche.

(2) Tourner à droite sur le sentier s'enfonçant dans la plantation de cryptomérias.

(3) Monter en direction des Trous Blancs par le sentier à droite. Il atteint le premier cratère-puits *(impressionnant par sa largeur et sa profondeur)*, puis s'élève le long de celui-ci, avant de déboucher sur un second cratère.

(4) Laisser le sentier qui part sur la gauche et continuer la montée par le chemin à droite. Arriver à un croisement.

(5) Monter à droite entre les clôtures délimitant les pâturages, traverser la route forestière et continuer jusqu'à un embranchement.

(6) Prendre à gauche le sentier herbeux *(points de vue sur le Piton des Neiges et les pâturages des plaines)*. Descendre jusqu'à une aire de bivouac.

(7) S'engager sur le chemin de terre qui part à l'extrémité de l'aire de bivouac et arriver à une intersection.

(8) Poursuivre à gauche par le sentier. Large et dégagé, il progresse le long du rempart dans une végétation typique des hautes altitudes. Continuer pour atteindre le belvédère aménagé *(rambarde de sécurité : vue imprenable sur la Rivière des Remparts et sur l'îlet de Roche Plate)*.

(9) Faire demi-tour pour revenir à l'intersection.

(8) Continuer tout droit et monter le talus pour parvenir à un croisement.

(6) Descendre à gauche par le sentier en pente douce emprunté à l'aller. Traverser à nouveau la route forestière et rejoindre l'embranchement suivant.

(5) Descendre par le chemin à droite vers Piton Sec. Il franchit plusieurs thalwegs *(vues sur les pâturages et les pitons)*, puis s'aplanit et longe les pâturages, avant d'aboutir à la plantation de cryptomérias.

(3) Continuer à droite sous les cryptomérias.

(2) Prendre la route forestière à gauche pour retrouver le parking de départ.

S SITUATION
Piton Sec, à 5 km à l'est de Bourg Murat par la route forestière du Volcan (point kilométrique 3), puis route forestière de Piton Sec

P PARKING
troisième aire de pique-nique le long de la route forestière de Piton Sec, 500 m après avoir quitté la route du Volcan

⌐ DÉNIVELÉE
altitude mini et maxi, dénivelée cumulée à la montée

2 050 m

1 850 m / **270 m**

B BALISAGE
jaune

À DÉCOUVRIR...

> **En chemin :**
• point de vue sur la Rivière des Remparts
• pâturages du Nez-de-Bœuf • Trous Blancs
• panorama sur le Piton des Neiges et les crêtes du cirque de Cilaos
• aires de pique-nique de Piton Sec

> **Dans la région :**
• belvédère du Nez-de-Bœuf : point de vue sur la Rivière des Remparts
• Plaine des Remparts : cratère Commerson (cratère-puits profond de 235 m) • Bourg-Murat : maison du Volcan, palais du Fromage • Plaine des Cafres : Piton Hyacinthe

VOLCANISME ET GÉOLOGIE

LA RÉUNION : UNE ÎLE VOLCANIQUE JEUNE

L'île de La Réunion, telle qu'on la connaît aujourd'hui, ne représente que la partie émergée (environ 3%) d'un immense édifice volcanique reposant à 4 000 m de profondeur. Il y a 5 millions d'années, une remontée de magma* est venue transpercer le plancher océanique, à l'image d'un chalumeau. C'est ce qu'on appelle le volcanisme de point chaud. S'ensuivirent d'innombrables épanchements sousmarins qui se superposèrent sur le plancher océanique, édifiant les bases de l'édifice. Deux ou trois millions d'années plus tard, La Réunion émergeait. Aujourd'hui, le processus de création est toujours en cours : la remontée de magma s'exprime par les éruptions de La Fournaise.

La Pointe de la **Table**

Les coulées de laves atteignent parfois l'océan et l'on assiste alors à une rencontre mystérieuse entre l'eau et le feu. Découvrez le résultat magique de cette confrontation : la création du littoral.

S **SITUATION**
Takamaka, à 4 km au nord-est de Saint-Philippe par la N 2 et la route forestière de Puits-Arabe

P **PARKING**
Puits-Arabe

/ **DÉNIVELÉE**
altitude mini et maxi, dénivelée cumulée à la montée

B **BALISAGE**
jaune et marques "i"au sol

! **DIFFICULTÉS !**
• ne pas s'écarter du sentier balisé
• ne pas s'approcher du bord de la falaise

① Au parking, emprunter le sentier bordé de vacoas. Il évolue sur une coulée ancienne, de type pahoehoe, et domine la plate-forme créée par l'éruption de 1986 *(plusieurs formations remarquables jalonnent le chemin, telles que les orgues basaltiques et les sculptures de laves cordées)*. Le sentier rejoint la plate-forme par des escaliers et serpente entre les filaos et les vacoas.
> Les marques au sol en forme de "i" et de couleur rouge balisent l'itinéraire et dirigent vers le point d'émission de la lave*. Attention à bien respecter le tracé du sentier et, surtout, veiller à ne pas s'approcher du bord de la falaise.

② Au chenal d'écoulement sud, emprunter le sentier à gauche. Il remonte la coulée et conduit vers le point d'émission de la lave *(des affaissements de roche se distinguent le long du chemin et laissent imaginer les tunnels de laves qui se sont formés au cours de cet événement)*.

③ Rester sur la coulée qui remonte en pente douce. Laisser à droite une forêt de filaos et de goyaviers abritant des plantations de vanille (plusieurs panneaux *Interdit d'entrer*). Suivre cette « rivière » de roches plissées pour atteindre le point de sortie de la lave, à moins de 30 m d'altitude.

④ Descendre le long de la coulée nord *(véritable rivière de roches basaltiques qui progresse inexorablement jusqu'à l'océan)* et atteindre le point de rencontre entre la coulée de lave et l'océan *(observer l'étendue de la plate-forme)*.

⑤ S'engager à droite sur le chemin qui pénètre dans la végétation, dominée par les filaos et les vacoas. Il rejoint la coulée sud.

② Par le sentier de l'aller, regagner le point de départ.

À DÉCOUVRIR...

> **En chemin :**
• Pointe de la Table (plate-forme créée lors de l'éruption de 1986)
• formations de la lave pahoehoe : orgues basaltiques, laves cordées, tunnel de lave
• sentier d'interprétation (panneaux)

> **Dans la région :**
• Le Tremblet : l'Escale bleue (atelier de transformation de la vanille)
• Le Baril : association « Vacoa Sud », maison de l'artisanat

PLATE-FORME DE LA POINTE DE LA TABLE / PHOTO A.C./ONF

ERUPTION HORS ENCLOS, EN 1986 / PHOTO S.G.

VOLCANISME ET GÉOLOGIE
LES ÉRUPTIONS HORS ENCLOS

Bien que la grande majorité des éruptions se produisent dans l'Enclos*, il arrive parfois que certaines s'en échappent, menaçant alors les villages et les populations vivant sur le flanc est du volcan. De tels événements surviennent une à deux fois par siècle. En 1977, le village de Piton Sainte-Rose connut ses heures les plus sombres lorsqu'il se retrouva sous la menace directe du volcan au cours d'un épisode éruptif. Le plan ORSEC fut déclenché : 2 500 personnes et 320 cases furent évacuées. Le 13 avril, l'une des coulées traversa le cœur du village détruisant une vingtaine de cases mais épargnant l'église et la gendarmerie. En 1986, l'histoire se répéta, mais cette fois-ci à Takamaka et à la Pointe de la Table. 250 habitants furent évacués et huit cases furent détruites. Depuis ce jour, La Fournaise ne s'est plus manifestée en dehors de son Enclos, mais le risque est toujours présent.

L'ÎLE S'AGRANDIT À LA POINTE DE LA TABLE

À l'îlet* aux Palmistes, ce 23 mars 1986, La Réunion assista à l'événement éruptif le plus bas jamais observé sur l'île. A moins de 30 mètres d'altitude, la forêt s'est embrasée sous l'émanation d'une mare de lave donnant naissance à deux coulées pahoehoe. Circulant dans des tunnels, la lave s'écoula vers l'océan et s'en alla cascader du haut des falaises de la Pointe de la Table et du Puits Arabe. Les coulées de lave, dont la température atteignit près de 1 160 degrés provoquèrent d'impressionnants panaches de vapeur en se jetant dans les eaux « froides » de l'océan. De ce combat de plusieurs jours entre le feu et l'eau naquirent deux plates-formes qui agrandirent l'île d'environ 25 ha ! Depuis, le littoral s'est remodelé, grignoté peu à peu par le va-et-vient permanent et érosif des vagues.

VOLCANISME ET GÉOLOGIE

LES LAVES PAHOEHOE : DES ŒUVRES D'ART DE LA NATURE

Ce sont sans nul doute les coulées les plus magiques du volcanisme réunionnais. Les laves* *pahoehoe* ne cessent de surprendre par leur diversité et leur originalité. Certains y verront des draperies, des cordes, des boudins, d'autres à l'imagination fertile découvriront un cœur, un animal, une chute d'eau…

Mais comment ces « sculptures naturelles » naissent-elles ? Dès sa sortie des profondeurs, la lave se refroidit en surface au contact de l'air. La coulée chaude progresse en dessous de cette fine pellicule refroidie et entraîne le plissement à l'origine des effets de draperies ou de cordes. Lorsque les coulées sont suffisamment épaisses (par exemple lors de l'écoulement dans une vallée), elles peuvent développer au cours de leur refroidissement des orgues basaltiques. Cette architecture spectaculaire aux colonnes hexagonales se dévoile par la suite au gré de l'érosion.

PHOTOS
EN HAUT : CRÉATIONS DE LA LAVE PAHOEHOE / M.S./ONF
EN BAS À GAUCHE : ORGUES BASALTIQUES / M.S./ONF
EN BAS À DROITE : TUNNEL DE LAVE / B.D./ONF

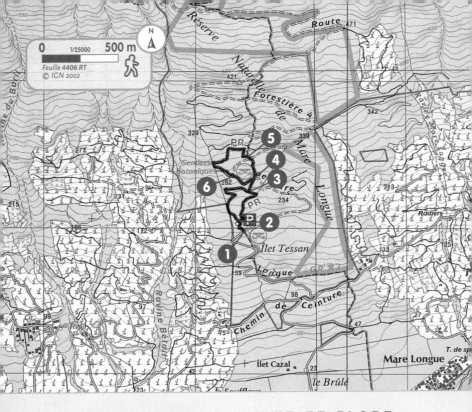

MILIEUX NATURELS, FAUNE ET FLORE

MARE LONGUE : LE JOYAU VERT DES FORÊTS RÉUNIONNAISES

Originellement, la forêt de bois de couleurs* des Bas couvrait de vastes étendues sur tout le pourtour de l'île, jusqu'à 800-1 000 m d'altitude. Cette formation a été en grande partie détruite et remplacée par les cultures de café (début du XVIIIe siècle), puis de canne à sucre (début du XIXe siècle). À basse altitude, il subsiste à peine 2 % de la forêt originelle, et les plus beaux vestiges s'observent dans le Sud sauvage, notamment à Mare Longue. Sur une coulée de lave*, la végétation tropicale s'est progressivement installée pour former, en quelques centaines d'années, cette luxuriante forêt de bois de couleurs des Bas. Dans un état de conservation exception-

nel, la forêt de Mare Longue abrite sur quelques dizaines d'hectares 230 espèces de plantes, soit plus du quart de la flore indigène* réunionnaise !

PLAQUE DE LAVE APPARENTE À MARE LONGUE / PHOTO A.BI

La forêt de **Mare Longue**

PR® 14

TRÈS FACILE

1H30 • 2,5KM

La forêt de Mare Longue demeure l'une des rares formations préservées de forêt de bois de couleurs des Bas. L'itinéraire vous invite à cette précieuse découverte sur d'anciennes coulées encore affleurantes.

① Emprunter le sentier botanique. Dès les premiers pas, l'itinéraire pénètre dans la forêt primaire de bois de couleurs* des Bas implantée sur de remarquables plaques de laves cordées *(tout au long du parcours, des panneaux permettent d'identifier les nombreuses essences et d'apprécier l'incroyable richesse floristique de cette forêt)*. Le sentier parvient à la stèle installée en hommage au professeur Cadet *(en arrière, se dresse un majestueux bois de pomme aux contreforts spectaculaires, caractéristique de cette espèce)*.

② Poursuivre sur la droite. Le chemin progresse sous la haute canopée* *(formée par les petits nattes, bois de fer bâtard, change écorce…)*.

③ À l'intersection, continuer la montée à droite.

④ Traverser la route forestière et prendre le sentier botanique jaune *(la forêt change de visage ; elle résulte d'une régénération* de bois de couleurs* effectuée en 1965 ; la jeunesse du peuplement rend plus aisée la reconnaissance des diverses essences : grand natte, corce blanc, takamaka…)*. Couper à nouveau la route forestière et parvenir à une bifurcation.

⑤ Continuer à gauche par le sentier jaune. Il s'élève légèrement *(remarquer quelques fanjans*)*, puis commence à redescendre et rejoint la route forestière.

⑥ Descendre par la route à droite sur 150 m.

④ Reprendre à droite le sentier botanique parcouru à la montée et retrouver l'intersection.

③ S'engager à droite sur le sentier bleu *(il parcourt la forêt primaire, et les racines courent à la surface du sol)*. Il descend et parvient à la limite de la forêt publique, préservée *(la délimitation est nette entre la forêt naturelle riche en espèces à gauche et le fourré d'arbres exotiques* composé principalement de jameroses à droite)*.

② Descendre à droite pour retrouver le parking.

⑤ SITUATION
Mare-Longue, à 6 km à l'ouest de Saint-Philippe par la N 2 et la route forestière de Mare-Longue

⑫ PARKING
départ du sentier

⑦ DÉNIVELÉE
altitude mini et maxi, dénivelée cumulée à la montée

295 m

200 m / 110 m

⑬ BALISAGE
jaune

À DÉCOUVRIR…

> En chemin :
• sentier botanique (panneaux) • stèle du Professeur Cadet (illustre botaniste et professeur réunionnais) • plaques apparentes de lave cordée • arbres de la forêt de bois de couleurs des Bas

> Dans la région :
• Mare-Longue : jardin des Parfums et des Épices • Saint-Philippe : écomusée Au Bon Roi Louis • Basse-Vallée : association « Cass' le coin », kiosque artisanal, site du cap Méchant

MILIEUX NATURELS, FAUNE ET FLORE
DE LA LAVE NUE À LA FORÊT TROPICALE...

PHOTOS
1 : B.D./ONF
2 : A.C./ONF
3 : A.C./ONF
4 : M.S./ONF

À la place de la forêt tropicale de Mare Longue s'étendait, quelques siècles auparavant, un espace minéral dénué de végétation. Sur la « route des laves » (RN 2) dans le sud-est de l'île, les nuances de couleurs et de formations végétales présentes sur les coulées traduisent les étapes de la « colonisation végétale » des laves*. Plusieurs groupements végétaux s'associent et se succèdent dans le temps pour former, après plusieurs centaines d'années, la forêt de bois de couleurs* des Bas.

Étape 1 : stade pionnier à lichens (une dizaine d'années)

Après le refroidissement de la coulée, seules quelques espèces pionnières pouvant supporter ces rudes conditions écologiques s'installent. Au début, des fougères apparaissent dans les fissures ; puis les lichens recouvrent rapidement les coulées et leur donnent cet aspect clair et grisâtre.

Étape 2 : stade pionnier à fougères et bois de rempart (quelques décennies)

Grâce notamment à la matière produite par les lichens, les fougères héliophiles deviennent de plus en plus abondantes. Les premiers arbres, les bois de rempart, prennent place aux côtés d'autres arbustes (bois maigre, bois d'osto).

Étape 3 : stade arbustif clairsemé à bois de rempart et bois de fer bâtard (de 80 à 150 ans)

La coulée disparaît complètement sous une dense strate herbacée. Le bois de fer bâtard accompagne désormais les nombreux bois de rempart.

Étape 4 : forêt pionnière à bois de fer bâtard (de 150 à 250 ans)

La strate arbustive plus dense permet le développement des espèces de sous-bois appréciant l'ombre comme les fanjans*. En revanche, les espèces pionnières héliophiles disparaissent peu à peu.

Étape 5 : jeune forêt de bois de couleurs* des Bas (à partir de 250-300 ans)

Sous le couvert arboré de la forêt, les espèces exigeant l'ombre trouvent les conditions nécessaires à leur développement. Le petit natte devient très rapidement l'arbre dominant de la canopée*, tandis que les espèces pionnières (bois de rempart et bois de fer bâtard) vont se raréfier et ne subsister qu'à l'état de gros individus. La canopée se développe, la strate herbacée s'enrichit, les épiphytes* abondent… La forêt de bois de couleurs des Bas se réalise.

TERRITOIRES, ESPACES ET SOCIÉTÉ
LES ESPACES PROTÉGÉS À LA RÉUNION :
UN ENJEU MONDIAL DE CONSERVATION DE LA BIODIVERSITÉ

La forêt de Mare Longue fut classée en réserve biologique* dès 1958 sur 21 ha et agrandie en 1981 pour devenir la première réserve naturelle* de La Réunion. En 2006, les 2 réserves naturelles et les 11 réserves biologiques recouvrent une superficie proche de 40 000 ha et préservent pratiquement tous les types de végétations indigènes* sur l'ensemble de l'île. Elles assurent la protection des milieux et des espèces par des actions concrètes (lutte contre les pestes*, reproduction d'espèces rares, protection intégrale...) tout en accueillant le public dans un objectif de sensibilisation (sentiers d'interprétation, publications...).

Pour compléter ce dispositif, de nouvelles réserves biologiques vont être créées, d'autres agrandies. Une réserve naturelle marine sera instaurée en 2007 pour protéger le récif corallien de la côte ouest. Enfin, en 2007 sera créé le parc national de La Réunion qui intègrera les réserves existantes.

BOIS DE POMME / PHOTO J.T./ONF

Le cirque de Cilaos et Les Makes :
ascension infinie vers les pays du bien-être

Comme pour atteindre un coin de ciel austral, peut-être symbole de liberté pour les esclaves marrons qui se sont réfugiés dans le cirque, la route d'accès à Cilaos n'en finit pas de sinuer. Côtoyant le long de son tracé des falaises et des gorges impressionnantes, défiant la montagne avec ses tunnels, elle mène presque subitement à ce village charmant que domine majestueusement le sommet de La Réunion. Comme pour se reposer du périple, le cirque offre au visiteur un art de vivre fait de traditions ; ses productions agricoles typiques – lentilles et vin – en sont des exemples appréciés. Il est aussi le berceau d'un artisanat original : la broderie. Vivre dans le cirque ne doit pas faire oublier que les hommes sont ici au cœur d'un vieux volcan, le Piton des Neiges, qui libère des sources d'eaux chaudes à l'origine d'un thermalisme unique sur l'île. Intimement liés à l'histoire géologique de ce massif, Les Makes offrent aux côtés du cirque de Cilaos une découverte authentique des Hauts de l'île et un cadre propice au ressourcement.

HISTOIRE, PATRIMOINE ET TRADITIONS

LE VIN DE CILAOS

RAISIN / PHOTO MDT CILAOS

Sol volcanique, climat tropical, milieu de montagne : il est étonnant de voir un vignoble s'épanouir sur un tel territoire. Et pourtant ! L'histoire de la vigne et du vin à Cilaos commence avec le peuplement du cirque*. De tradition ancestrale, chaque maison disposait de sa treille de vigne et produisait son vin à partir du cépage Isabelle. Il faut attendre la fin des années 1980 pour que des cépages nobles – Malbec, Pinot Noir et Chenin – soient introduits dans le cirque. Parallèlement, la vinification se modernise et la filière se structure : une coopérative est créée en 1992 et un chai bien équipé permet de réaliser des vinifications dans les meilleures conditions.

En 2004, le vin de Cilaos est reconnu officiellement « vin de pays » et comprend vins blancs sec et moelleux, rosé, rouge et primeur. Dans un esprit d'innovation et d'amélioration qualitative, de nouveaux cépages pourraient être introduits : Gamay, Pinotage, Manseg, Verdelho…

La **Roche Merveilleuse**

Un sentier facile et agréable permettant d'accéder à de remarquables panoramas sur le cirque de Cilaos. Idéal pour une première approche du site.

① Emprunter la route qui longe le côté gauche de l'église *(chemin du Séminaire)*, passer devant l'écomusée et monter par la D 241 à gauche sur 100 m. Laisser la D 242 et l'établissement thermal à gauche et poursuivre par la D 241 sur 50 m.

ANTANARTIA BORBONICA / DESSIN L.H.

② Monter par le sentier à gauche en direction de la Roche Merveilleuse. Il s'élève dans une forêt de bois de couleurs* des Hauts et arrive près du Plateau des Chênes *(aire de pique-nique et point d'eau)*.

③ Poursuivre par le sentier en direction de la Roche Merveilleuse.

④ À l'embranchement, monter par le chemin à droite vers la Roche Merveilleuse.

⑤ Continuer la montée à gauche *(bien suivre le balisage)*.

⑥ Traverser la route forestière et reprendre le sentier en face. Il s'élève un peu, puis redescend en pente douce.

⑦ Emprunter la route forestière à droite sur 130 m, puis utiliser à gauche les escaliers qui mènent au point de vue de la Roche Merveilleuse *(aire de pique-nique et point d'eau ; point de vue sur Cilaos et l'ensemble du cirque* ; à l'arrière, Piton des Neiges)*.

⑧ Redescendre et revenir par la route forestière à droite.

⑦ Continuer par la route forestière vers le Plateau des Chênes. Elle monte en pente douce, traverse une plantation de cryptomérias, puis descend *(points de vue sur Cilaos)* et quitte les cryptomérias avant de rejoindre l'aire de pique-nique du Plateau des Chênes.

③ Descendre à droite par le sentier utilisé à la montée vers les thermes puis regagner le point de départ.

S SITUATION
Cilaos, à 37 km au nord de Saint-Louis par la N 5

P PARKING
salle multimédia Piton-des-Neiges (près de l'église)

/ DÉNIVELÉE
altitude mini et maxi, dénivelée cumulée à la montée

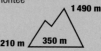

1 490 m

1 210 m / 350 m

B BALISAGE
jaune

À DÉCOUVRIR...

> En chemin :
• Cilaos : écomusée (maison du peuplement des Hauts), établissement thermal
• point de vue de la Roche Merveilleuse
• aire de pique-nique du Plateau des Chênes

> Dans la région :
• Cilaos : maison de la Broderie, chai et maison des Vins, association des Producteurs de Lentilles de Cilaos, association 3 Salazes (tisanerie), Mare à Joncs, sentier de découverte de la Roche Merveilleuse

HISTOIRE, PATRIMOINE ET TRADITIONS
Le jour de Cilaos

Le jour de Cilaos, broderie fine originale, naquit grâce à l'ingéniosité d'Angèle Mac Auliffe, fille du médecin thermaliste de Cilaos. Arrivée à Cilaos avec son père en 1900, elle crée son propre atelier de broderie et initie les jeunes filles du cirque*. Autodidacte, elle s'inspire de la faune et de la flore du cirque pour inventer de nouveaux motifs comme le jour papillon, fleur de lys ou de café. La technique se perpétue et ce savoir-faire unique se transmet de mère en fille, laissant toutefois les motifs évoluer selon la créativité de chacune. En 1953, un ouvroir est créé par une institution religieuse et plus d'une centaine de femmes sont formées à cet art, qui demande beaucoup de patience et de technique. Il faut environ deux jours pour confectionner un mouchoir, 6 mois pour un drap et près de 8 mois de travail pour une nappe.

Dans les années 1980, les jeunes filles se désintéressent de cette pratique devenue coutumière. Aussi, une association pour la promotion de la broderie est créée afin de sauvegarder ce patrimoine. Peu de temps après, une maison-école de la broderie voit le jour et enseigne la broderie d'art, permettant même d'obtenir des diplômes. Parmi la cinquantaine de brodeuses que compte l'association, plusieurs ont obtenu les plus hautes distinctions de concours nationaux, contribuant ainsi au rayonnement et à la renommée des jours de Cilaos.

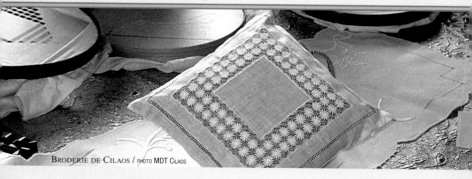

BRODERIE DE CILAOS / PHOTO MDT CILAOS

TERRITOIRES, ESPACES ET SOCIÉTÉ
L'agriculture à Cilaos :
UNE TRADITION « LONTAN* », UN TERROIR UNIQUE

Sur ce territoire impressionnant de verticalité, l'agriculture fait partie intégrante des paysages et bénéficie d'un terroir d'exception. Depuis le début du peuplement du cirque*, les hommes se sont adaptés aux reliefs escarpés, s'installant sur les îlets* pour valoriser les terres et développer une agriculture de subsistance. À la fin du XIXe siècle, l'agriculture est la première activité économique du cirque. Lentilles, pois, haricots, pomme de terre, songes, calebasses… sont cultivés et de nombreux arbres fruitiers sont plantés. L'agriculture restera la principale ressource du cirque jusque dans les années 1970. Les diverses cultures mises en place au fil du temps sont adaptées au climat et aux sols du cirque.

Les lentilles de Cilaos

Dans les années 1850, les lentilles, avec les haricots et le maïs, constituaient la culture principale des habitants de Cilaos. Cette culture traditionnelle s'est transmise de génération en génération ; et le secteur demeure majoritairement artisanal. Le semis s'effectue toujours à la main, tandis que la récolte se mécanise. Toutefois, un quart de la récolte se fait encore manuellement : les plants sont arrachés et séchés au soleil, les gousses sont battues avec des perches et les lentilles sont finalement triées. Grâce aux nombreux efforts des planteurs, la production est en augmentation et a atteint 50 tonnes en 2004. Désormais, les producteurs souhaitent une labellisation pour garantir la qualité de la lentille de Cilaos, qui présente, grâce au climat et aux sols, une saveur très appréciée.

BATTAGE TRADITIONNEL DES LENTILLES /
PHOTO MDT CILAOS

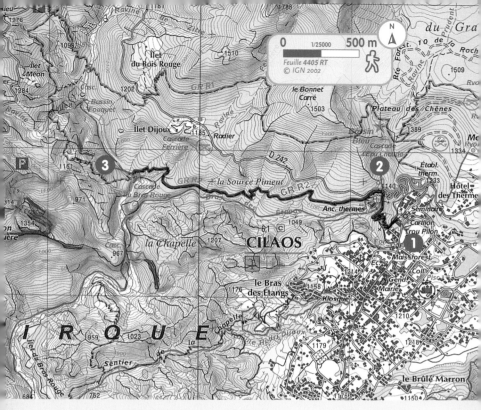

HISTOIRE, PATRIMOINE ET TRADITIONS

LE THERMALISME À CILAOS :
BIENFAIT DES EAUX, EXPANSION DU CIRQUE

Connues des esclaves marrons, puis découvertes officiellement en 1819, les sources du Bras des Etangs furent d'abord exploitées par un établissement thermal rudimentaire. Les curistes effectuaient un périlleux voyage à pied, à cheval ou en « fauteuil à porteurs » depuis Saint-Louis pour tester l'efficacité thérapeutique des eaux de Cilaos, mise en avant par le Dr Mac Auliffe. La modernisation des thermes, puis la création d'une route en 1932 stimulèrent la fréquentation touristique. Cet établissement thermal fut entièrement détruit par un cyclone en 1948. Aujourd'hui, l'établissement moderne

Irénée Accot est alimenté par deux sources naturelles captées en profondeur. Grâce à leur forte minéralisation, ces eaux sont recommandées dans le traitement des rhumatismes et des maladies digestives.

SENTIER DES THERMES
À CILAOS (1890-1900) /
PHOTO ARCH. DÉP. DE
LA RÉUNION (84 Fi 78)
FONDS NAS DE TOURRIS
DROITS RÉSERVÉS

Le haut de la cascade
Bras Rouge

PR® 16

MOYEN

3H • 6,5KM

Le parcours emprunte le sentier des Porteurs menant à l'ancien établissement thermal puis descend vers le haut de la cascade Bras Rouge.

① À l'extrémité droite du parking, descendre par le sentier des Porteurs *(les porteurs utilisaient ce chemin pour transporter les curistes jusqu'aux thermes ; ils descendaient par le large chemin et remontaient par les escaliers)* et utiliser les escaliers ou le chemin *(en bas, remarquer en contrebas le bâtiment, vestige des anciens thermes)*. Traverser le pont et remonter par les escaliers.

② Emprunter la D 242 à gauche sur 300 m. S'engager sur le sentier à gauche en direction de la cascade Bras-Rouge. Étroit et bordé de chocas, il descend la pente en bordure de falaise *(prudence ; vues sur le Piton de Sucre)*. Continuer la descente, puis traverser le lit de la ravine* Ferrière et dévaler le raidillon en lacets qui permet d'atteindre le haut de la cascade Bras-Rouge *(le site somptueux se compose de petits bassins)*.

> Ne pas s'approcher trop près du haut de la cascade : les rochers sont très glissants.

③ Le retour s'effectue par le même itinéraire.

ROUTE DE CILAOS - LE CAP BLANC /
PHOTO ARCH. DÉP. DE LA RÉUNION (5 Fl 3/19) - CLICHÉ LUDA - DROITS RÉSERVÉS

S SITUATION
Cilaos, à 37 km au nord de Saint-Louis par la N 5

P PARKING
salle multimédia Piton-des-Neiges (près de l'église)

/ DÉNIVELÉE
altitude mini et maxi, dénivelée cumulée à la montée

1 210 m

910 m / 300 m

B BALISAGE
jaune

! DIFFICULTÉS !
passages vertigineux

À DÉCOUVRIR...

> En chemin :
• sentier des Porteurs et anciens thermes
• vue sur le Piton de Sucre • haut de la cascade Bras Rouge

> Dans la région :
• Cilaos : écomusée (maison du peuplement des Hauts), maison de la Broderie, établissement thermal, chai et maison des Vins, association des Producteurs de Lentilles de Cilaos, association 3 Salazes (tisanerie), Mare à Joncs, sentier de découverte de la Roche Merveilleuse

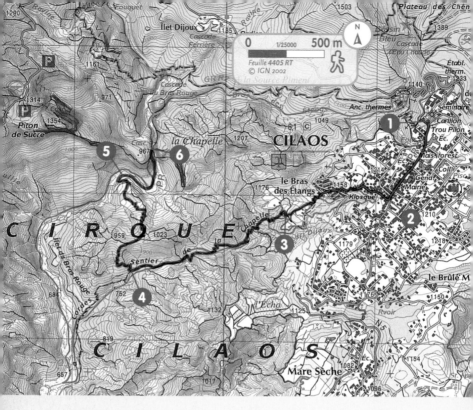

SUR LES SENTIERS DE LA RÉUNION

Avec environ 850 km de sentiers balisés situés majoritairement dans les Hauts, La Réunion est un paradis pour les randonneurs. Ces chemins témoignent de la courte et riche histoire de l'île. En effet, un grand nombre des sentiers actuels suivraient les traces des esclaves marrons. Jusqu'à une époque récente, les sentiers étaient le seul moyen de liaison entre les lieux de vie, notamment dans les cirques*. À Cilaos, ce mode de communication fut remplacé par la route à partir de 1932, tandis qu'à Mafate, le déplacement demeure exclusivement pédestre. Aujourd'hui, quelque 300 ouvriers forestiers travaillent à l'entretien de ces chemins, souvent dégradés pendant la saison cyclonique.

LA CHAPELLE / PHOTO A

Le sentier de la **Chapelle**

PR® **17**

DIFFICILE

4H30 • 9,5KM

Empruntant l'un des « sentiers lontan » de Cilaos, l'itinéraire conduit au pied d'un canyon étroit et vertigineux. Cette formation originale a pris le nom évocateur de la Chapelle.

> Ce circuit est fortement déconseillé après de fortes pluies.

(1) Du parking, descendre vers la maison du Tourisme, puis remonter la rue principale.

(2) En face de la seconde boulangerie, emprunter à droite le chemin de la Chapelle. La route descend entre les cases créoles. Suivre à gauche la route en direction de la Chapelle, descendre par les escaliers puis à gauche par la voie bétonnée. Prendre la direction « la Chapelle - Ilet-à-Cordes », continuer par la voie de gauche et descendre par le chemin bétonné, toujours en direction de la Chapelle.

(3) Prendre le sentier à droite qui coupe un lacet du chemin bétonné. Traverser la piste en béton et descendre par le sentier de la Chapelle. Il traverse à plusieurs reprises de petits cours d'eau et descend dans le creux de la vallée.

(4) Monter par le sentier à droite en direction de la Chapelle. Etroit, il gravit une forte pente en lacets, puis s'aplanit *(vue sur le site remarquable de la Chapelle et du Piton de Sucre),* franchit un col et descend jusqu'au lit de la rivière.

> Attention, l'accès au site de la Chapelle peut être délicat : franchissement à gué du lit de la rivière, passages de rochers et absence de balisage. Le milieu évoluant rapidement, l'accès est parfois facile, parfois difficile et dans certains cas impossible *(prudence).*

(5) Se diriger à droite et remonter le lit de la rivière pour accéder à la Chapelle.

Le site de la Chapelle est constitué par un canyon remarquable creusé par le Bras Rouge. Très étroit, il mesure à peine 10 m de large pour une centaine de mètres de hauteur ! Remarquer la couleur blanche de la roche (syénite) des parois ou encore le vol des salanganes qui nichent sur les falaises.

(6) Revenir à Cilaos par le même itinéraire.

S SITUATION
Cilaos, à 37 km au nord de Saint-Louis par la N 5

P PARKING
salle multimédia Piton des Neiges (près de l'église)

/ DÉNIVELÉE
altitude mini et maxi, dénivelée cumulée à la montée

770 m / 800 m / 1 210 m

B BALISAGE
jaune

! DIFFICULTÉS !
• passages vertigineux, glissants entre **3** et **5**
• passages instables, de rochers entre **5** et **6**
• passage à gué entre **3** et **6**

À DÉCOUVRIR...

> En chemin :
• sentier « lontan » (reliant Cilaos à Ilet-à-Cordes)
• point de vue sur Ilet-à-Cordes • site de la Chapelle et du Piton de Sucre
• colonie de salanganes

> Dans la région :
• Cilaos : écomusée, maison de la Broderie, établissement thermal, chai et maison des Vins, association des Producteurs de Lentilles de Cilaos, sentier de découverte de la Roche Merveilleuse • Ilet-à-Cordes : route et village, vente de vin et de lentilles

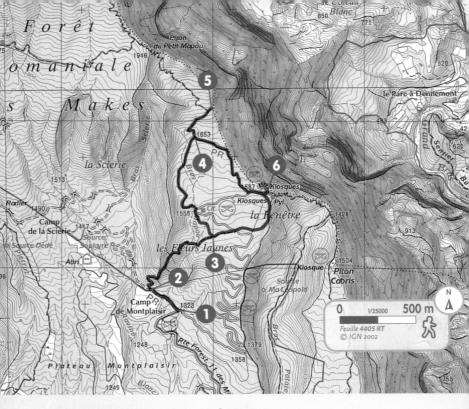

VOLCANISME ET GÉOLOGIE
LES PETITS THÉÂTRES DES VOLCANS ENDORMIS

Depuis le littoral sud-ouest, le regard est attiré vers les Hauts de Saint-Louis par un paysage original constitué d'un ensemble de crêtes parallèles, étroites et anguleuses, orientées vers le Sud. Dénommées « Chaîne du Bois de Nèfles », elles servent de paravent à la dépression des Makes dont l'histoire géologique complexe est liée à celle du Piton des Neiges. Ce petit cirque* a été alternativement comblé par les laves* puis érodé, notamment par le Bras Patate, dont le bassin versant rejoignait alors les flancs du Piton. Son isolement, lié à la fin de l'activité volcanique du massif et associé au façonnage perpétuel des reliefs par l'érosion, a fini par figer les grandes lignes du paysage actuel.

LES MAKES / PHOTO A.BR/ONF

Sentier du **Bras Mapou**

PR® 18

FACILE

2H30 • 5KM

Dans les hauteurs des Makes, le circuit mène au site de la Fenêtre où l'on découvre un panorama exceptionnel sur le cirque de Cilaos.

(1) Prendre à gauche la route forestière de la Scierie, en direction du Tévelave, sur 200 m.

(2) Monter à droite par le sentier du contrefort. Il s'élève en forte pente et parcourt une forêt de bois de couleurs* des Hauts *(des vues se dégagent sur le village des Makes, l'Etang-Salé et le bleu de l'océan)* avant de s'aplanir puis d'entrer dans une zone boisée en cryptomérias.

(3) Bifurquer sur le sentier à gauche. Monter par la route forestière sur quelques mètres, puis emprunter la piste qui part à gauche. Large et agréable, elle s'élève en pente douce. A une intersection, continuer tout droit.

(4) S'engager sur le chemin qui monte à gauche. Après 300 m, accéder à un belvédère sur la droite *(le panorama sur le cirque* de Cilaos est saisissant).*

(5) Faire demi-tour pour descendre par le même chemin.

(4) Descendre par la piste à gauche dans la forêt de cryptomérias. Emprunter la route forestière à gauche pour atteindre le site de la Fenêtre *(kiosques, table-banc ; point de vue étonnant sur le cirque).*

(6) Sur le parking, descendre par le chemin entre les cryptomérias. Il continue dans la plantation de cryptomérias *(vue sur l'océan et les agglomérations de Saint-Pierre et du Tampon)* et passe près d'un four à géranium. Traverser la route forestière, poursuivre par le sentier du contrefort et retrouver l'intersection de l'aller.

(3) Continuer tout droit la descente par le sentier emprunté à l'aller et regagner le point de départ.

FEUILLES DE MAPOU / DESSIN S.L.

SITUATION
forêt des Makes, à 19 km au nord de Saint-Louis par les D 20, D 3 et route forestière des Makes (direction « observatoire astronomique des Makes » puis « fenêtre des Makes »)

P PARKING
à droite, au croisement des routes forestières des Makes et de la Scierie

DÉNIVELÉE
altitude mini et maxi, dénivelée cumulée à la montée

1 720 m

1 323 m / 400 m

B BALISAGE
jaune

À DÉCOUVRIR...

> **En chemin :**
• vues panoramiques sur le cirque de Cilaos
• point de vue sur l'océan Indien, les Makes, Saint-Pierre
• ancien four à géranium

> **Dans la région :**
• Les Makes : observatoire astronomique, « Bois de Corail » (parcours de plantes endémiques et médicinales), exposition permanente de bonzaï, aire de pique-nique des Platanes (ancien lieu de vie des gardes champêtres de Bon-Accueil)
• Saint-Louis : Sucrerie du Gol (visite pendant la campagne sucrière de juillet à décembre), domaine de Maison Rouge

UN BON ACCUEIL DANS LA FORÊT DES MAKES

L'appellation des « Makes » vient du nom d'un petit lémurien, le maki vari, importé de Madagascar au XIXᵉ siècle et aujourd'hui disparu.

Alors que le bourg des Makes prenait son essor avec la culture du géranium, un riche propriétaire terrien fit construire une maison de villégiature avec un relais de chasse, qui prit le nom de « Bon Accueil ». Ses invités avaient ainsi le privilège de séjourner dans un cadre agréable et de se divertir en chassant le lémurien dans la réserve privée de leur hôte. Cette réserve de chasse, surveillée par deux gardes-champêtres, préserva la forêt du développement agricole. Acquise par la commune de l'Etang-Salé, puis par l'Etat et le département en 1986, elle est devenue la forêt publique du bois de Bon Accueil, aujourd'hui classée en réserve biologique*.

BOIS DE BON ACCUEIL / PHOTO J.T./ONF

Le bois de **Bon Accueil**

PR® **19**

FACILE

2H30 • 4KM

Véritable sanctuaire végétal et refuge des oiseaux forestiers, le bois de Bon Accueil abrite une forêt aux multiples visages. Suivez l'évolution de la forêt de moyenne altitude vers la forêt de montagne.

① Monter par la piste sur 100 m, passer la barrière et suivre à droite le sentier d'interprétation. Descendre par le chemin à droite et parvenir au pied de l'immense affouche *(classé arbre remarquable)*.

② Emprunter le chemin de terre à gauche *(les bornes numérotées, présentes tout au long du sentier, servent à l'identification des parcelles de restauration écologique)*. Il monte en pente douce et parcourt une forêt humide de moyenne altitude *(les affouches, arbres étrangleurs typiques de cette forêt, se distinguent et dépassent de la canopée*)*.

③ Poursuivre à droite par le layon qui monte vers la Découverte *(anciennement très large, ce sentier a été rétréci pour éviter l'envahissement des pestes végétales* telles que le longose)* et parvenir à une intersection.

④ Effectuer quelques mètres à droite pour atteindre le point de vue sur Les Makes. Reprendre la montée par le sentier *(la forêt change progressivement de visage ; les arbres, plus petits, se recouvrent de mousse, les épiphytes* apparaissent et le sous-bois devient plus dense : c'est le passage dans la forêt de montagne)*. Le layon alterne parties en montagnes russes et montées douces. En s'orientant au sud, il redescend, retrouve la forêt de moyenne altitude et atteint un embranchement.

⑤ Continuer tout droit en direction du sentier intérieur et arriver à une intersection.

⑥ Suivre l'indication « Malbar mort » par le chemin de terre, puis prendre à gauche la déviation des 110 pas. Continuer la descente en s'orientant une nouvelle fois à gauche. Le sentier traverse une forêt très sombre de bois de perroquet *(les larges feuilles de cet arbre laissent à peine pénétrer la lumière)*.

⑦ Bifurquer à gauche en direction des lakes et rejoindre le point de départ.

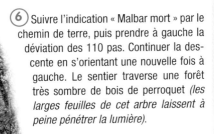

AFFOUCHE / PHOTO A.BR./ONF

S **SITUATION**
Les Makes, à 18 km au nord de Saint-Louis par les D 20 et D 3

P **PARKING**
départ du *sentier d'interprétation* par la route à gauche de l'église des Makes, l'aire de pique-nique des Platanes et le fléchage

/ **DÉNIVELÉE**
altitude mini et maxi, dénivelée cumulée à la montée

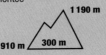

1 190 m
910 m 300 m

B **BALISAGE**
jaune

À DÉCOUVRIR...

> **En chemin :**
• affouche classé parmi les arbres remarquables de France • point de vue sur Les Makes, Saint-Louis et l'océan • forêt tropicale de moyenne altitude et forêt de montagne • forêt de bois de perroquet (appellation due au fruit qui ressemble à un bec de perroquet)

> **Dans la région :**
• Les Makes : « Bois de Corail » (parcours de plantes endémiques et médicinales), exposition permanente de bonzaï, aire de pique-nique des Platanes (ancien lieu de vie des gardes champêtres de Bon-Accueil), observatoire astronomique

MILIEUX NATURELS, FAUNE ET FLORE

LA RESTAURATION ÉCOLOGIQUE : UN PAS VERS LA FORÊT ORIGINELLE…

Les milieux naturels de l'île ont été fortement perturbés depuis l'arrivée de l'homme et sont aujourd'hui menacés par l'envahissement des pestes végétales*. Le récent concept de « restauration écologique » a pour objectif d'assister le rétablissement d'un écosystème* qui a été dégradé, endommagé ou détruit par des causes humaines ou naturelles.

Ce processus très long et coûteux s'opère principalement dans les réserves biologiques* dirigées depuis les années 1980. Sur des milieux dégradés, diverses actions sont menées pour combattre l'invasion des pestes et favoriser le retour des espèces indigènes* afin de reconstituer ce que pouvait être la forêt originelle. Plusieurs méthodes sont employées. Le travail de lutte contre les plantes exotiques* peut s'effectuer mécaniquement par arrachage, chimiquement à l'aide de désherbant, ou biologiquement en utilisant des agents naturels antagonistes aux pestes.

Par ailleurs, le retour des espèces indigènes* est encouragé et s'effectue autant que possible par régénération* naturelle (sans plantation). Celle-ci peut être favorisée par exemple en cicatrisant le couvert forestier par un rétrécissement des pistes et des sentiers. Lorsque l'établissement des espèces indigènes ne peut se faire naturellement, on procède à des plantations après récolte des graines dans la zone puis production en pépinière.

MILIEUX NATURELS, FAUNE ET FLORE

LES OISEAUX FORESTIERS

La faune de La Réunion est relativement pauvre, à cause de l'isolement de l'île et d'une chasse abondante dans les premiers temps de l'occupation humaine. En l'absence d'espèces dangereuses pour l'homme, on circule en toute sérénité dans les forêts réunionnaises, où les oiseaux, très peu farouches, s'observent aisément tant que l'on respecte la quiétude des lieux. Aujourd'hui, 18 espèces d'oiseaux indigènes* nichent à La Réunion, dont 8 endémiques*. Tous bénéficient depuis 1989 d'un statut de protection.

Dans la forêt de Bon-Accueil, on observe régulièrement et en nombre les diverses espèces d'oiseaux forestiers, à l'exception du tuit-tuit qui vit exclusivement dans la réserve naturelle* de la Roche Ecrite. Ces oiseaux forestiers sont pour la plupart endémiques de La Réunion. Les passereaux forestiers comme le merle pays,

l'oiseau la vierge, l'oiseau vert ainsi que la papangue préfèrent les forêts. Le tec-tec, quant à lui, s'observe sur la quasi totalité des milieux indigènes de l'île y compris sur les sommets.

1 **L'oiseau la vierge** : la tête bleu intense du mâle en fait l'un des plus beaux oiseaux de l'île / **2** **Le merle pays** : passereau forestier de taille moyenne, il se distingue par son chant puissant / **3** **L'oiseau vert** : on peut entendre le cri aigu de cet oiseau au plumage vert olive autour des arbres en fleur / **4** **Le tuit-tuit** : espèce menacée d'extinction, l'échenilleur de La Réunion se réfugie dans les forêts de la Roche Ecrite / **5** **L'oiseau blanc** : très social, il vit et se déplace en petits groupes de 5 à 20 individus / **6** **Le tec-tec** : ce petit oiseau très familier accompagne souvent les promeneurs sur les sentiers / **7** **La papangue** : seul rapace de l'île, la papangue se distingue par sa silhouette imposante.

PHOTOS SREPEN (1, 3, 4, 5), B.D./ONF (2, 6), T.G./SEOR (7)

Grande photo : S.G.
En haut : M.T.-D./ONF
Au milieu : J.T./ONF
En bas : A.C./ONF

Le Grand Ouest :
à chacun ses envies...

Plages de sable, forêts lumineuses, planèze, fenêtre sur les cirques : le territoire de l'Ouest renferme de multiples facettes qui ravissent les yeux. Communément appelé « la côte sous le vent » en raison d'un microclimat pauvre en précipitations, il fut le premier lieu de colonisation humaine de l'île, par la baie de Saint-Paul, mais aussi un des fiefs du marronnage. On trouve encore quelques vestiges de ces époques dans les Hauts, mêlés à ceux d'une histoire plus récente de valorisation économique : les anciens fours à géranium. La fraîcheur des Hauts permet d'apprécier le charme de la vie créole et de se promener dans les lumineuses forêts de tamarins. L'étendue infinie de planèze mène en haut des remparts de Mafate et Cilaos, où le regard se porte sur l'intérieur de l'île. Pour ceux qui préfèrent retrouver la chaleur du littoral, le lagon se prête idéalement au farniente. D'autres visages plus insolites de la côte peuvent étonner : dunes de sable, étangs littoraux à la faune remarquable, falaises basaltiques ou plages de sable noir.

Sentiers Forestiers

Sentier littoral d'**Étang-Salé**

Falaises basaltiques, dunes de sables, plages de galets, étang se combinent le long de ce parcours littoral aux curiosités insoupçonnées.

(1) Depuis le gouffre, emprunter le cheminement à gauche. Le chemin *(bordé de filaos couchés par le vent et de quelques roches basaltiques à l'aspect de nid d'abeilles)* domine les falaises sculptées par les vagues et parvient sur le site de la Roche des Oiseaux *(ne pas s'approcher du bord de la falaise)*.

(2) À la fin de la zone rocheuse (début de la plage de galets), bifurquer à gauche, monter dans les dunes de sable puis s'orienter à droite pour passer derrière les dunes qui prennent place en arrière de la plage de galets *(le sentier parcourt l'étendue de sable dans une ambiance désertique ; les filaos et les patates à Durand recouvrent les dunes ; quelques plants de cotons, vestiges des anciennes cultures)*. Descendre les escaliers, franchir la ravine* *(passage délicat, voire impossible après de fortes pluies)* et reprendre le sentier en face.

(3) Poursuivre tout droit et longer la plage de galets *(curieux alignement de galets en direction de la mer, à l'origine énigmatique)*.

(4) Continuer à droite pour atteindre l'embouchure de l'étang du Gol.

(5) Faire demi-tour et revenir à **(4)**. Emprunter à droite la piste qui longe l'étang, sur l'emprise de l'ancienne voie de chemin de fer *(roseaux servant à la fabrication des fameuses « chaises du Gol »)*.

(6) Prendre à droite le sentier sur les berges de l'étang. Il pénètre dans un milieu humide *(favorable à l'observation des oiseaux)* puis quitte les berges et passe en sous-bois. Emprunter la piste à droite sur 100 m.

(7) Partir à gauche, puis continuer tout droit pour rejoindre le sentier littoral où un cairn *(monticule de galets)* est érigé.

(3) À droite, par le cheminement de l'aller, rejoindre le point de départ.

DUNES DE SABLE D'ETANG-SALÉ /
PHOTO A.Br./ONF

PR® 20

MOYEN

4H • 11,5KM

S SITUATION
forêt domaniale de la Côte-sous-le-Vent, à 2 km au sud-est de L'Étang-Salé-les-Bains

P PARKING
Gouffre et Roche des Oiseaux

/ DÉNIVELÉE
altitude mini et maxi, dénivelée cumulée à la montée

10 m

0 m   30 m

B BALISAGE
jaune

! DIFFICULTÉS !
• passage de la ravine délicate (voire impraticable) après de fortes pluies entre **2** et **3** • marche dans le sable

À DÉCOUVRIR...

> En chemin :
• gouffre • roche des Oiseaux • falaises basaltiques • dunes de sable plage de galets • oiseaux limicoles (observation saisonnière) sur les berges de l'étang du Gol

> Dans la région :
• L'Étang-Salé-les-Bains : plage de sable noir, fabrication des « chaises du Gol », visite du village sur des charrettes à bœufs (association Chemin Ban Colon)

MILIEUX NATURELS, FAUNE ET FLORE
LE LITTORAL RÉUNIONNAIS

Reconnue pour ses paysages montagneux, La Réunion présente également un littoral original et varié. Falaises, plages de sable blanc ou noir, dunes, rivages de galets, plateformes rocheuses se côtoient sur les 207 km de côtes de l'île. Bien que les milieux littoraux aient été fortement modifiés, il subsiste encore sur la frange maritime une végétation originale adaptée aux rudes conditions littorales… Séparant Saint-Denis de La Possession, les falaises verticales semi-sèches sont le refuge privilégié du paille en queue. Sur la côte ouest, abrité par une enceinte récifale, le lagon est bordé de plages de sable blanc provenant de l'érosion du corail. Le filaos, arbre originaire des îles tropicales du Pacifique et de Malaisie, borde la plupart des plages, dont il fixe le sable. Effleurant le sable de leurs longues tiges rampantes, les patates à Durand dévoilent de jolies fleurs roses en toute saison. Dans les baies abritées de Saint-Paul ou d'Étang-Salé, les plages de sable noir proviennent de l'altération des roches basaltiques. En dehors du lagon, certains paysages prennent des allures désertiques, comme à l'Étang-Salé où se créent des formations dunaires. Sur ces sables mouvants, les filaos furent utilisés pour stabiliser et maintenir les dunes.

Les plages de galets, particulièrement présentes dans l'est et le nord-est de l'île, sont hostiles à l'implantation végétale. Les trottoirs rocheux et les falaises offrent une ambiance particulière, où le noir de la roche basaltique contraste avec le bleu de l'océan. Les côtes sud et sud-est se composent essentiellement de ces formations originales. Les côtes rocheuses basses sont exposées aux embruns salés et soumises à une alternance de sécheresse et de pluies. La végétation présente sur ces dalles est rare. La lavangère, par exemple, supporte ces conditions grâce à son feuillage succulent. En s'éloignant du rivage, les pelouses littorales parviennent à s'installer. Sur les falaises littorales humides, on rencontre en quelques endroits des petits fourrés arbustifs à saliette et à manioc bord de mer. Le vacoa *(Pandanus utilis)*, largement répandu sur les côtes sauvages du sud-est, laisse une empreinte paysagère remarquable sur cette partie du littoral.

TROTTOIR ROCHEUX
À SAINT-PHILIPPE /
PHOTO J.T./ONF

L'ÉTANG DU GOL / PHOTO A.C./ONF

MILIEUX NATURELS, FAUNE ET FLORE

LES ÉTANGS LITTORAUX

Il existe seulement trois étangs littoraux à La Réunion : Saint-Paul, le Gol et Bois Rouge. Ces anciennes baies, isolées de la mer par des cordons de terre, contiennent des eaux légèrement saumâtres. Ces rares zones humides, bien que fortement anthropisées, sont des biotopes originaux offrant refuge à une faune variée mais discrète.

L'étang du Gol :
un site d'intérêt majeur pour la faune

Le site accueille 61 espèces d'oiseaux, dont 32 migratrices, poissons et écrevisses, chauves-souris, reptiles... Prisée par les ornithologues, la zone humide du Gol est l'un des sites majeurs pour l'observation des oiseaux migrateurs et des oiseaux d'eau sur l'île. Il abrite entre autres la colonie la plus importante de héron vert. Celui-ci niche sur le site comme la poule d'eau, alors que les oiseaux limicoles migrateurs y font étape entre septembre et mars. Parmi les espèces nichant dans la zone de l'étang, on retrouve la papangue ainsi que quelques oiseaux forestiers dont l'oiseau blanc. D'autres oiseaux pourront être aperçus planant au dessus de l'étang : l'hirondelle de Bourbon et la salangane, toutes deux endémiques* des Mascareignes. Fréquentant la zone littorale, quelques oiseaux marins survolent l'étang pour rejoindre leurs sites de nidification. C'est le cas du pétrel de Barau, endémique de La Réunion, qui niche exclusivement sur les parois abruptes du massif du Piton des Neiges. Sur les berges et les abords de l'étang, on croisera peut-être le chemin du caméléon, appelé localement l'endormi, ou celui de quelques batraciens.

CAMÉLÉON /
PHOTO B.D./ONF

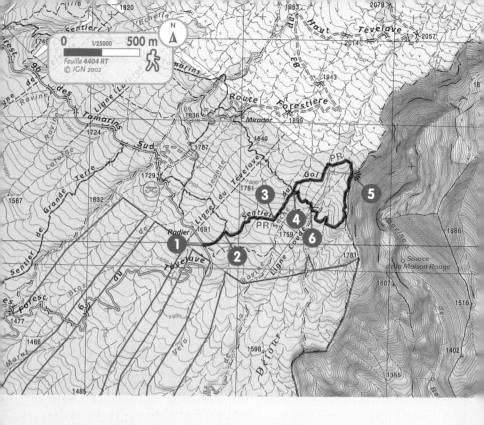

MILIEUX NATURELS, FAUNE ET FLORE

LE TAMARIN DES HAUTS : ENTRE CYCLONE ET INCENDIE

Espèce pionnière, le tamarin se régénère de façon naturelle sur les espaces dévastés par les incendies. En effet, sa graine, qui peut survivre dans le sol pendant des décennies, voit son tégument* éclater et sa germination démarrer sous l'effet de la chaleur. Particulièrement adaptés aux cyclones, les tamarins flexueux résistent aux vents violents et se courbent. Même dessouchés, ils parviennent à reprendre vie en élevant vers la lumière quelques branches vigoureuses, et créent ces formes sinueuses si typiques.

La seule faiblesse du tamarin est son incapacité à se régénérer à l'ombre, ce qui entraîne sa disparition de nombreux massifs forestiers... jusqu'aux prochains incendies.

Forêt de tamarins des Hauts / photo J.T./ONF

Point de vue sur **Les Makes**

PR® 21

TRÈS FACILE

2H • 3,5KM

Cette balade accessible à tous invite à une agréable découverte de la forêt de tamarins des Hauts. Après une heure de marche, bénéficiez d'un remarquable point de vue sur Les Makes.

① Prendre le chemin de terre et franchir la barrière. Le chemin s'élève en pente douce dans une jeune forêt de tamarins *(la régénération* de ces tamarins fut entreprise suite à un incendie survenu il y a une cinquantaine d'années).*

② Bifurquer à droite en direction du point de vue sur Les Makes. Le chemin évolue dans un espace remarquable où les jeunes tamarins se courbent au-dessus d'un tapis de fougères. Emprunter la piste à droite sur quelques mètres pour reprendre le sentier qui monte à gauche et atteindre une nouvelle fois la piste.

③ Monter à gauche toujours en direction du point de vue sur Les Makes. Le sentier s'élève en pente douce.

④ Continuer tout droit en gardant le même but *(en prenant un peu d'altitude, remarquer les brandes venir se mêler aux tamarins).* Traverser le lit d'une ravine* et poursuivre sur le chemin plat qui mène au point de vue sur Les Makes *(aux abords de la ravine du Gol, le point de vue sur le village des Makes et le bois de Bon Accueil est remarquable ; le panorama s'étend jusqu'à l'océan).*

⑤ Descendre à gauche *(« Point de vue sur Les Makes - retour »)* au bord de la ravine dans un milieu préservé *(les bois de couleurs*, tan rouge et change écorce, apparaissent aux côtés de quelques tamarins centenaires).* Le sentier s'oriente à droite (ouest), traverse plusieurs ravines et atteint la ligne Coudé *(qui délimite nettement l'espace de régénération de tamarins que l'on retrouve à nouveau).*

⑥ Continuer par une légère montée.

④ Descendre à gauche par l'itinéraire emprunté à l'aller et rejoindre le parking.

FANJAN / PHOTO A.Br./ONF

S SITUATION
forêt du Tévelave, à 10 km au nord-est du Tévelave par les D 16 et route forestière du Tévelave

P PARKING
départ du sentier

/ DÉNIVELÉE
altitude mini et maxi, dénivelée cumulée à la montée

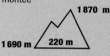

1 870 m

1 690 m / 220 m

B BALISAGE
jaune

À DÉCOUVRIR...

> **En chemin :**
• forêt de tamarins des Hauts
• point de vue sur Les Makes

> **Dans la région :**
• route forestière du Tévelave : observatoire des Papangues
• Le Tévelave : village créole
• Saint-Leu : Stella Matutina (musée agricole et industriel)

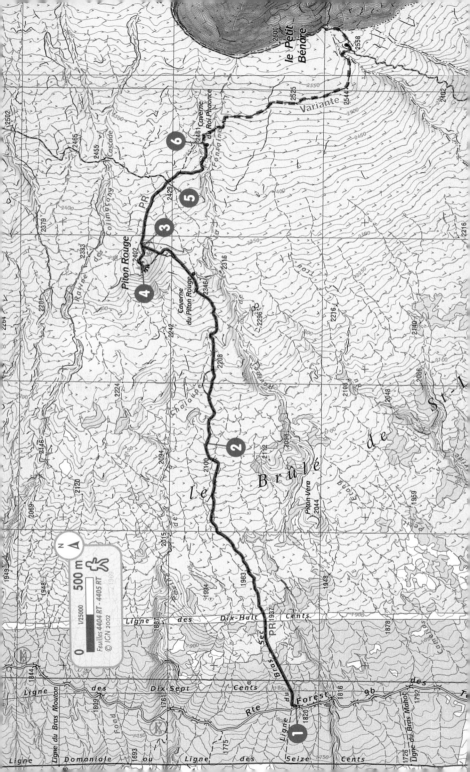

Piton Rouge

PR® 22

MOYEN

4H • 10,5KM

Partant de la forêt de tamarins des Hauts, le chemin parcourt l'immensité de la planèze et conduit jusqu'à la caverne du Roi Phaonce. Ce lieu aux paysages infinis fut l'un des refuges d'esclaves marrons en fuite.

1 Gravir les marches et monter vers les plaques relatant l'histoire du Roi Phaonce. Le chemin s'élève en forte pente dans une régénération* de tamarins puis, en quittant la forêt, s'aplanit et dévoile l'étendue de la planèze*. Le sentier monte progressivement sur cet espace marqué par les incendies où les bois morts des tamarins côtoient la végétation rabougrie des hautes altitudes et atteint une aire de repos *(premières vues sur le littoral de Saint-Gilles).*

2 Continuer l'ascension vers le Piton Rouge et arriver près d'une seconde aire de repos. Bifurquer à droite pour accéder à la caverne du Piton Rouge, puis revenir sur ses pas, poursuivre la montée vers Piton Rouge et gagner un embranchement.

3 Partir à gauche pour gravir le Piton Rouge. Du sommet, descendre à droite pour découvrir le belvédère et les sculptures de Clain *(l'immensité du panorama sur la planèze qui s'ouvre depuis Piton Rouge révèle bien l'importance de ce lieu stratégique pour les partisans du roi Phaonce ; ce site servait de vigie pour repérer les chasseurs d'esclaves marrons).*

4 Redescendre à l'embranchement, au pied du Piton Rouge **3**. Prendre le sentier qui monte vers le Petit Bénare. Il s'élève et permet d'entrevoir ponctuellement d'anciennes coulées du Piton des Neiges.

5 Continuer tout droit en direction du Petit Bénare et parvenir à la caverne du Roi Phaonce.

> Accès possible au Petit Bénare *(point de vue sur le cirque* de Cilaos)* en 1 h *(voir tracé en tirets sur la carte).*

6 Redescendre par l'itinéraire utilisé à la montée pour rejoindre le parking.

POINT DE VUE DEPUIS PITON ROUGE / PHOTO A.Br./ONF

S SITUATION
Le Brûlé de Saint-Leu, à 19 km à l'est de La Chaloupe-Saint-Leu par les routes Vaudeville (direction « forêt de tamarins »), route forestière Timour et route forestière des Tamarins-Sud

P PARKING
route forestière des Tamarins-Sud, au départ du sentier

/ DÉNIVELÉE
altitude mini et maxi, dénivelée cumulée à la montée

2461 m

1 820 m — 650 m

B BALISAGE
jaune

À DÉCOUVRIR...

> En chemin :
• Piton Rouge (belvédère et sculptures de Clain)
• panoramas sur la planèze et le littoral ouest
• caverne du Roi Phaonce

> Dans la région :
• Les Colimaçons : conservatoire botanique national des Mascarins, église du Sacré-Cœur

TERRITOIRES, ESPACES ET SOCIÉTÉ
LES FEUX DE LA PLANÈZE

Si La Réunion apparaît comme une île tropicale humide, elle n'en demeure pas moins le théâtre d'incendies de forêts dont certains ont marqué les esprits : en 1988, les forêts de l'Ouest ont été parcourues par le feu sur des milliers d'hectares. Le risque d'incendie est grand en période sèche (d'août à décembre), principalement dans les milieux naturels du versant « sous le vent » et en période de forte fréquentation par le public. Les forêts de tamarins des Hauts, les landes éricoïdes* et les forêts résineuses sont les plus sensibles. Un « Plan de Secours spécialisé feux de forêts » prévoit à titre préventif des interdictions d'usage du feu et l'organisation de la lutte conduite par des sapeurs-pompiers spécialement formés et secondés par des forestiers. Un réseau de pistes, pare feux, retenues d'eau, relais radio équipe le territoire. Le feu a des conséquences désastreuses sur les milieux : destruction de végétation suivie d'érosion des sols et d'envahissement par des plantes exotiques*.

HISTOIRE, PATRIMOINE ET TRADITIONS
LE MARRONNAGE OU LA FUITE DES OPPRIMÉS

Le marronnage*, commun à diverses colonies, est plus qu'un simple épisode à La Réunion : il est le ciment culturel de la vie humaine sur cette île. Les premiers habitants de l'île Bourbon en 1663 furent Louis Payen et une dizaine de Malgaches l'accompagnant. Ce fut la fuite de ces derniers qui marqua le début d'une longue série d'échappées belles vers la liberté. Jusqu'au début du XVIIIᵉ siècle, rares furent les esclaves qui bravèrent interdits et peur pour vivre sans maître ; une dizaine de marrons fut recensée dans les bois. Puis le phénomène s'amplifia. En 1721, on en comptait 2000. Le peuplement rapide de l'île (environ 1000 habitants dont la moitié d'esclaves en 1713 contre 61300 dont 50000 esclaves en 1789) a plusieurs causes. D'abord, fin XVIIᵉ, ce sont les femmes qui manquent aux colons bourbonnais. Ensuite, l'exploitation du café (début XVIIIᵉ) puis celle des épices et enfin celle de la canne à sucre (début XIXᵉ) nécessitent une main-d'oeuvre supplémentaire. Le code Noir sévissait aussi à La Réunion et même si l'esclavage y était, paraît-il, moins « pénible » qu'ailleurs, certains esclaves préféraient la fuite, en dépit du sort qu'ils encouraient s'ils étaient retrouvés. Diverses formes de marronnage* existaient. La fugue (un mois) était passible du fouet, de la marque à l'épaule et de l'amputation d'un morceau d'oreille. D'autres esclaves partaient définitivement et s'organisaient en bandes ; certaines, nomades, changeaient de campement tous les soirs, tandis que d'autres, sédentaires,

créaient des villages, entreprenaient des plantations, instauraient selon leurs origines des systèmes politiques dirigés par des chefs ou des rois (comme le roi Phaonce). Ce fut le premier peuplement des Hauts de l'île, délaissés par les colons. Pillages et capture de femmes poussèrent le gouvernement à instaurer la chasse aux Marrons : les chasseurs traquaient et ramenaient les esclaves fugitifs morts ou vifs, moyennant finance. Les rescapés étaient atrocement punis. Cette répression n'empêcha pas le marronnage de durer jusqu'à l'abolition de l'esclavage en 1848 et même après, certains affranchis refusant de travailler pour leurs anciens maîtres et préférant fuir vers les montagnes.

L'ÉVASION ET LA CAPTURE /
GRAVURES ARCH. DÉP. DE LA RÉUNION (BIB 287 ET 2896)
LOUIS THIMAGÈNE HOUAT (DROITS RÉSERVÉS)

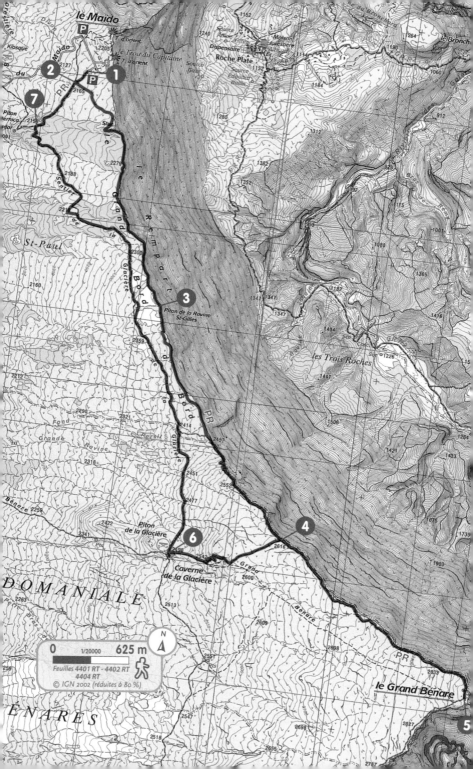

Le **Grand Bénare**

PR® 23

DIFFICILE

6H • 16,5KM

Véritable fenêtre sur le cœur de l'île, le sentier du Grand-Bord dévoile une succession de panoramas sur le cirque de Mafate. Ce chemin aérien mène au Grand Bénare, un des plus beaux points de vue de La Réunion…

> **Attention : 3 h à 3 h 30 de marche sont nécessaires pour rejoindre le Grand Bénare ; il est conseillé d'y arriver avant 10 h pour bénéficier du point de vue dégagé.**

(1) Au bout du parking, partir en direction du Grand Bénare.

(2) À la bifurcation, se diriger à gauche et commencer l'ascension du Grand Bénare par le sentier du Grand-Bord. Il monte en pente douce dans la végétation typique des hautes altitudes et atteint le bord du rempart *(l'ajonc d'Europe, une peste végétale*, est très virulente dans ce secteur et fait l'objet d'une lutte active)*. Poursuivre sur le Grand Bord. Le sentier s'élève progressivement *(vues plongeantes sur le cirque* de Mafate ; à droite, la planèze* s'étend à perte de vue)* et atteint le Piton de la Ravine Saint-Gilles.

(3) Continuer tout droit vers le Grand Bénare *(à gauche, le Piton des Neiges semble être à portée de la main)* et, à l'intersection, poursuivre le long du Grand Bord toujours en direction du Grand Bénare.

(4) À l'embranchement, continuer tout droit et atteindre le Grand Bénare *(face au Piton des Neiges, la vue panoramique du Grand Bénare domine les cirques de Mafate et de Cilaos)*.

(5) Redescendre par le même sentier à l'embranchement.

(4) Bifurquer à gauche vers la Glacière et descendre au site de la Glacière. Utiliser les escaliers pour atteindre la caverne de la Glacière *(dans cette cavité, trois puits furent creusés à main d'homme pour y stocker la glace récupérée dans les fonds de ravine* pendant l'hiver)*.

(6) Emprunter le sentier de la Glacière en direction du Maïdo. Caillouteux, il parcourt l'immensité de la planèze et continue vers Le Maïdo.

(7) Au croisement, laisser le mirador à gauche et prendre à droite le chemin qui s'élève en pente douce. Suivre l'indication « parking-voitures Maïdo » pour retrouver le point de départ.

S **SITUATION**
Le Maïdo, à 18 km au sud-est du Guillaume par les D 3 et route forestière du Maïdo

P **PARKING**
Le Maïdo

/ **DÉNIVELÉE**
altitude mini et maxi, dénivelée cumulée à la montée

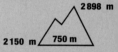

2 898 m

2 150 m / 750 m

B **BALISAGE**
jaune

! **DIFFICULTÉS !**
• passages vertigineux entre **2** et **5**
• chemin caillouteux et accidenté entre **6** et **7**
• présence de nombreuses failles (ne pas s'écarter du sentier balisé)

À DÉCOUVRIR...

> **En chemin :**
• sentier du Grand-Bord et vues sur Mafate
• Le Grand Bénare (panoramas sur les cirques de Mafate et de Cilaos) • caverne de la Glacière • paysages infinis de landes

> **Dans la région :**
• route forestière du Maïdo : Forêt Aventure
• Saint-Paul : baie, plage de sable noir, grotte des Premiers-Français, marché (vendredi et samedi)

VOLCANISME ET GÉOLOGIE
LE CHEMIN DE L'EAU

L'île soumise à un climat tropical connaît dans les cirques* un niveau annuel de précipitations variant de 2 à 4 m, très fortement amplifié lors des épisodes diluviens liés aux cyclones. Agissant sur des reliefs très pentus, sur des sols meubles et instables, cette eau se répartit en un réseau hydrographique très dense et entraîne une érosion énorme. Les paysages caractéristiques des cirques – crêtes acérées, gorges profondes, remparts verticaux, terres griffées et dénudées – témoignent de ce phénomène naturel. L'eau d'un cirque est évacuée vers la mer par une unique gorge, matérialisée pour le cirque de Mafate par la Rivière des Galets. Prenant naissance vers 2 250 m sur le flanc du Gros Morne, elle recueille l'eau de centaines de petits affluents drainant l'ensemble du cirque. Elle est l'un des plus longs torrents réunionnais (33 km). Son régime influencé par les pluies contrarie régulièrement l'accès au cirque depuis La Possession. Si en période normale, il varie de 1 à 10 m³/seconde selon la saison, il a déjà atteint exceptionnellement 1 850 m³/seconde !

Les matériaux volcaniques sont alors violemment entraînés ; par accumulation, ils ont formé la Plaine de La Possession et du Port, dans laquelle la rivière cherche indéfiniment son chemin. Les méandres de son lit changent complètement à chaque crue et viennent éroder brutalement les berges mettant en péril terrains et habitations. Pour s'en protéger, la ville du Port a érigé de gigantesques épis de béton destinés à maîtriser les caprices de la rivière. Mais, inlassablement, sable, galets et blocs arrachés du cœur du vieux volcan sont entraînés jusqu'à la mer ; ils ont, avec le temps, formé l'un des deux plus grands cônes de déjection de l'île.

HISTOIRE, PATRIMOINE ET TRADITIONS
LES CIRQUES À TRAVERS LE MARRONNAGE

Si le marronnage* a laissé des traces indélébiles dans la mémoire du peuple réunionnais, les vestiges visibles sont rares. Il reste présent par certains noms de lieux qui viennent de l'histoire des marrons et dont la signification se transmet par la tradition orale, notamment les contes. En voici un.

Enchaing et Héva

M. Alexis avait une esclave du nom d'Héva. Un jour qu'il l'avait battue jusqu'au sang, elle s'enfuit avec son aimé, Enchaing, vers la Rivière du Mât pour se réfugier dans les montagnes. Ils découvrirent un piton en haut duquel ils s'installèrent. Ils y vécurent heureux et libres plusieurs années durant, et Héva mit au monde plusieurs enfants. Mais M. Alexis, furieux de leur fuite, avait demandé à un chasseur de marrons, Bronchard, de les retrouver. Sa recherche prit de nombreuses années ; il crut tuer Enchaing qui s'était jeté dans la ravine* par crainte de la capture. Sûr d'avoir réussi, il retourna avertir M. Alexis, tombé malade, qui exigea des preuves. Bronchard repartit donc en quête du corps sans vie d'Enchaing qu'il ne trouva pas. Il le traqua sans relâche et le découvrit sur le piton. Capturés, les amants et leurs enfants furent remis à la fille de M. Alexis, celui-ci ayant décédé. Prise de compassion, elle les affranchit et ils purent retrouver leur piton, le Piton d'Enchaing.

Les trois cirques* de La Réunion doivent leur nom à des marrons : Mafate en était un ; Cilaos, capitale du Grand Roi de l'Intérieur, Baâl, un marron, viendrait du malgache Tsilaosa : « pays qu'on ne quitte pas » ; Salazie, enfin, viendrait du malgache Salaozy, « bon campement », nom donné par d'autres marrons.

LE MARRONNAGE /
GRAVURE ARCH. DÉP. DE LA RÉUNION (BIB 287)
THIMAGÈNE HOUAT – DROITS RÉSERVÉS

HISTOIRE, PATRIMOINE ET TRADITIONS
L'ÎLET ALCIDE

Au début du xxᵉ siècle, un homme appelé Parclain Vincent Alcide recherchait un site adéquat pour cultiver et distiller le géranium. Ce type de culture ne pouvant se faire que dans les Hauts, et les terrains étant déjà rares, il s'installa sur un îlet* en bordure de la rivière des galets, ignorant l'interdiction de défricher à cette altitude. Pendant près de vingt ans, il y cultiva le géranium de manière illicite et redescendait dans les Bas occasionnellement pour vendre ses récoltes. Ses activités furent découvertes par un garde forestier depuis Dos d'Âne, de l'autre côté de la rivière. De nombreuses contraventions et efforts furent nécessaires pour exproprier cet homme attaché à son îlet, qui porte aujourd'hui fièrement son nom.

L'ÎLET ALCIDE / PHOTO M.T.-D./ONF

Îlet Alcide

Sur les traces de Vincent Alcide, le chemin évoque le temps « lon-tan » et conduit à l'îlet du même nom, refuge illicite de cet homme qui y cultiva le géranium au début du XXe siècle.

① Du parking, descendre par la route forestière, puis monter à gauche par le sentier Françoise-Francia au travers du peuplement de cryptomé-rias, en direction de l'Îlet Alcide. Il s'élève et parvient à un croisement.

② Tourner à gauche en direction de l'Îlet Alcide. Le chemin s'aplanit et pénètre dans la réserve biologique* de Bois-de-Nèfles. Il évolue dans une forêt naturelle de tamarins des Hauts et traverse ponctuellement des zones incendiées, délimitées par des barbelés et identifiables par les bois morts. Poursuivre tout droit.

③ Continuer tout droit vers l'Îlet Alcide dans un espace préservé *(patrimoine floristique exceptionnel)* et arriver au Piton Papangue.

④ Prendre à droite le contournement amont de l'Îlet Alcide.

⑤ Bifurquer à gauche. Descendre, puis effectuer quelques mètres à droite jusqu'au point de vue des Terrasses. Reprendre le sentier qui des-cend à gauche et parvenir à l'Îlet Alcide.
> Possibilité d'accéder à un autre point de vue en se dirigeant vers le plateau-hélicoptères.

⑥ Après la petite case en paille, prendre le sentier qui s'élève à gauche en direction de la route forestière des Cryptomérias. Continuer la montée à gauche pour rejoindre le Piton Papangue.

④ Reprendre à droite le sentier emprunté à l'aller et, par le même itinéraire, regagner la route forestière des Cryptomérias puis le point de départ.

S SITUATION
bois de Sans-Souci, à 13 km au nord-est du Guillaume par les routes forestières du Maïdo et des Cryptomérias

P PARKING
terminus de la route forestière des Cryptomérias

✓ DÉNIVELÉE
altitude mini et maxi, dénivelée cumulée à la montée

1 600 m
1 320 m / 490 m

B BALISAGE
jaune

À DÉCOUVRIR...

⟩ En chemin :
• réserve biologique de Bois-de-Nèfles • observa-tion des papangues depuis les points de vue • Îlet Alcide (réhabilitation de cet ancien lieu de vie) • vues panoramiques sur Mafate, la Rivière des Galets, la ville du Port et l'océan

⟩ Dans la région :
• Le Maïdo : point de vue sur le cirque de Mafate
• Petite-France : distille-ries de géranium
• Saint-Gilles-les-Hauts : musée de Villèle
• Saint-Paul : baie, plage de sable noir, grotte des Premiers-Français, marché (vendredi et samedi)

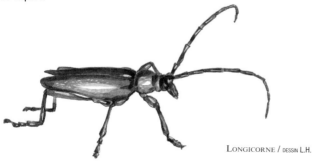

LONGICORNE / DESSIN L.H.

HISTOIRE, PATRIMOINE ET TRADITIONS
LE GÉRANIUM ROSAT : SENTEUR DES HAUTS

Introduction des plantes à parfums

A la fin du XIXᵉ siècle, la canne à sucre, alors pilier de l'économie de l'île, subit une forte crise qui entraîna le développement de nouvelles cultures destinées à l'exportation. Les plantes à parfum – géranium, vétiver, ylang-ylang – sont alors introduites dans l'île afin de produire des huiles essentielles servant à la fabrication de parfums.

Une mise en valeur des Hauts

Originaire d'Afrique, le géranium « rosat », importé à La Réunion vers 1870 et cultivé en altitude, se développe à partir de 800 m sur des sols riches.

GÉRANIUM ROSAT / PHOTO A.C./ONF

Faisant suite à la zone d'exploitation de la canne à sucre, la culture du géranium contribua à la mise en valeur des Hauts, avec une forte expansion au début du XXᵉ siècle, notamment au Tampon et dans les Hauts de l'Ouest, mais également sur quelques îlets* de Mafate.

Technique, distillation et alambic

L'huile de géranium provient essentiellement des feuilles de la plante qui sont distillées au travers d'un alambic. Dans une cuve cylindrique, généralement en cuivre, les

ALAMBIC / PHOTO A.C./ONF

producteurs disposent quelques 350 kg de feuilles sur une grille les séparant des 250 l d'eau. Cette cuve est alors chauffée au feu de bois pendant plusieurs heures : « la cuite » permet d'extraire l'huile contenue dans les feuilles grâce à la chaleur. La vapeur d'eau transporte l'huile et ressort dans un tuyau (le col de cygne) puis serpente dans une cuve d'eau froide qui fait revenir la vapeur d'eau à l'état liquide. Enfin, le vase florentin permet de séparer l'huile de l'eau. En moyenne, il faut 350 kg de feuilles pour produire de 0,5 à 1 l d'huile de géranium.

La culture d'aujourd'hui

L'huile de géranium produite à La Réunion est réputée de grande qualité et est recherchée par les plus grands parfumeurs. Malgré cela, la production d'huile de géranium a fortement diminué ces dernières décennies en raison d'une concurrence internationale accrue ; elle se maintient aujourd'hui à 9 t par an. La culture du géranium et la production de ce parfum exquis se perpétuent dans les Hauts de l'Ouest, notamment à la Petite France, où l'on trouve encore une cinquantaine de distilleries.

MILIEUX NATURELS, FAUNE ET FLORE

LA PAPANGUE

Seul rapace de l'île, le busard de Maillard *(Circus Maillardi)*, appelé localement le ou la papangue, est un oiseau endémique* de La Réunion. Il possède une silhouette imposante avec de grandes ailes et une longue queue et ne peut être confondue avec aucune autre espèce. En vol, le mâle se distingue aisément par son plumage blanc et le bout des ailes noir. La femelle est brune, légèrement plus claire avec une tache blanche à la base de la queue. La papangue fréquente essentiellement une zone comprise entre 500 et 1 500 m d'altitude et peut se rencontrer dans tous les types de milieux, même au-dessus des zones urbaines. Elle descend parfois dans les plaines basses de la côte est et sud mais délaisse complètement les plus hauts sommets. Toutefois, elle s'observe principalement au-dessus des forêts ou planant le long des ravines*.

La papangue chasse les petits oiseaux (oiseau blanc, tec-tec, cardinal…), les petits mammifères (tangue, souris, rat), les grenouilles, ainsi que les reptiles et les insectes. Lors de la parade

PAPANGUE MÂLE / PHOTO T.G./SEOR

nuptiale, les papangues offrent un spectacle aérien remarquable : ils effectuent des plongeons, loopings, vrilles, pirouettes… tout en émettant des manifestations vocales aiguës. La période de nidification s'étend de décembre à fin mai. La papangue niche au sol, généralement dans les clairières et les zones arbustives. La ponte annuelle est de 2 à 7 œufs qui donneront de 1 à 4 jeunes à l'envol. Ceux-ci resteront auprès de leurs parents jusqu'à la saison de nidification suivante. La papangue est une espèce protégée depuis 1989. La population actuelle est estimée entre 100 et 200 plus rares au monde.

Grande photo : A.Br./ONF
En haut : M.S./ONF
Au milieu : M.S./ONF
En bas : M.S./ONF

Mafate :
un cirque d'exception

S'il est un endroit à La Réunion où la notion du temps n'est pas la même que sur le reste de l'île, c'est bien le cirque de Mafate. Son paysage déchiqueté, où se côtoient des remparts abrupts, des enchaînements de pitons, de crêtes, de plateaux et de plaines, impressionne de prime abord. Puis c'est la quiétude des lieux qui marque les esprits. Découvrir Mafate, c'est pénétrer dans un havre de paix, où la nature est maîtresse et où les hommes se sont installés en fonction d'elle et non à ses dépens. Car le cirque se modèle au gré des changements climatiques : la Rivière des Galets, véritable artère du cirque le traversant sur toute sa longueur, enfle et se tarit presque selon les précipitations ; les éboulements redessinent le paysage ; la végétation change. Aujourd'hui encore, les Mafatais composent avec cette nature, adaptant leur mode de vie au relief. À Mafate, on peut prendre le temps de vivre, on s'adapte à la rudesse des lieux et on s'émerveille de la douceur presque irréelle des îlets et de ses habitants.

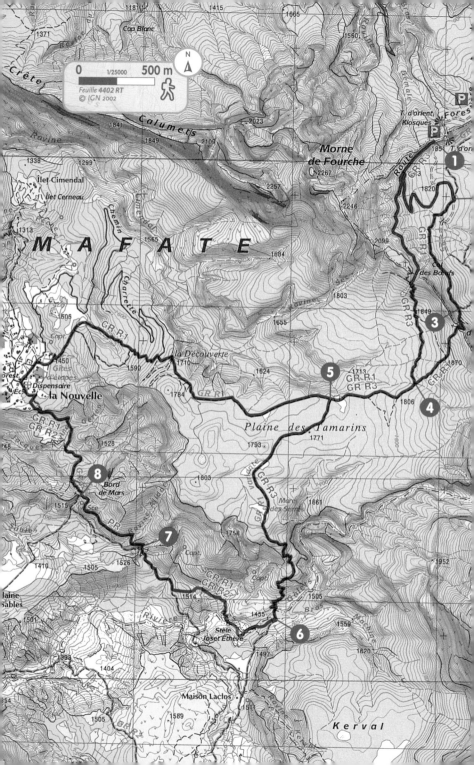

Le **Haut Mafate**

Sur les sentiers escarpés du Haut Mafate, découvrez les paysages grandioses du cirque avant de traverser la mystérieuse Plaine des Tamarins. L'arrivée à l'îlet habité de La Nouvelle est inattendue.

> **Attention : quitter La Nouvelle au plus tard à 15 h 30 pour sortir du cirque* avant la nuit.**

(1) Au bout du parking, passer la barrière, emprunter la piste sur 300 m, puis descendre à gauche par la piste vers le col de Fourche et continuer tout droit.

(2) Monter par le chemin à droite vers le col de Fourche.

(3) Prendre le sentier à droite vers La Nouvelle - Marla, franchir le col de Fourche *(point d'entrée dans le cirque)* et, face au Grand Bénare, descendre la pente raide et glissante sur les rochers.

(4) Continuer par le sentier à gauche. Le chemin s'aplanit dans la Plaine des Tamarins.

(5) Bifurquer à gauche sur le sentier vers Marla, puis franchir la clôture *(l'itinéraire traverse ce lieu teinté de mystère)* et atteindre une seconde clôture *(panorama sur Marla)*. Le sentier descend en forte pente. Franchir à gué la Rivière des Galets, puis traverser une seconde rivière.

(6) Descendre à droite, direction « La Nouvelle par passerelle ». Poursuivre et traverser la passerelle Ethève. À l'intersection, continuer à droite vers La Nouvelle.

(7) Se diriger à droite vers La Nouvelle. Le sentier étroit se faufile en bord de falaise.

(8) Continuer à droite et descendre à La Nouvelle. Traverser l'îlet* et reprendre le sentier qui monte vers la Plaine des Tamarins. Continuer tout droit par le chemin jusqu'à **(5)**. Poursuivre tout droit vers le col des Bœufs.

(4) Bifurquer à gauche, monter, franchir le col des Bœufs, poursuivre vers Le Bélier et descendre par la piste. Continuer tout droit pour rejoindre le parking du Petit-Col.

PR® 25

DIFFICILE
6H • 15KM

S SITUATION
Petit Col, à 10 km au sud-ouest de Grand-Ilet par les D 52 et route forestière du Haut-Mafate

P PARKING
Petit Col (gardé et payant)

/ DÉNIVELÉE
altitude mini et maxi, dénivelée cumulée à la montée

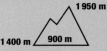

1 400 m / 900 m   1 950 m

B BALISAGE
jaune

! DIFFICULTÉS !
• passages glissants et échelle entre **3** et **4**
• passages instables et gué entre **5** et **6**
• passerelle entre **6** et **7**
• fortes pentes et passages vertigineux

À DÉCOUVRIR...

> En chemin :
• Gros Morne
• Plaine des Tamarins
• Îlet de la Nouvelle (hébergement et restauration)
• vues panoramiques et paysages grandioses du cirque de Mafate

> Dans la région :
• La Nouvelle : sentier du tour de l'îlet (1 h), belvédère sur le Bronchard

TERRITOIRES, ESPACES ET SOCIÉTÉ
VIVRE À MAFATE

Seul espace de l'île totalement inaccessible aux véhicules motorisés, le cirque* de Mafate offre un cadre de vie singulier où l'homme a dû s'adapter aux exigences de la terre. Il s'est installé sur de minuscules plateaux suspendus : les îlets*. Etagés en gradins et séparés par de profondes ravines*, rien ne les relie les uns aux autres hormis d'étroits sentiers. Il faut souvent plusieurs heures pour rejoindre un îlet voisin situé à moins d'un kilomètre à vol d'oiseau.

L'espace habitable, rare, est bien organisé : une clôture entoure le lieu d'habitation, et regroupe un ensemble de cases ayant plusieurs fonctions. Une case (autrefois en bois et en vétiver, aujourd'hui en bois sous tôle sur une dalle en ciment) héberge la famille. Le boucan sert à conserver et fumer la viande, à garder le grain au sec ; on y fait la cuisine. Le magasin permet de ranger les outils et de stocker des provisions. Existent aussi les « parc z'animaux », où volailles et ruminants (cabris surtout, bœufs plus rarement) sont parqués. Enfin, une zone cultivable se trouve souvent à proximité de la case

pour les arbres fruitiers, les condiments, quelques légumes. Des champs de maïs, de haricots et depuis peu de lentilles permettent aux Mafatais de subvenir à leurs propres besoins alimentaires. Depuis les années 1980, presque tous les îlets ont accueilli au moins une boutique et les biens de première nécessité sont donc plus accessibles.

Depuis 1985, l'hélicoptère a notablement amélioré la vie des Mafatais. Outil majeur au service de l'aménagement du cirque, il sert aux gros travaux, à l'enlèvement des déchets, au ravitaillement, à l'accès aux soins. Par exemple, il rend possible l'acheminement d'un médecin en quelques minutes, ou l'évacuation d'urgence de malades et de femmes enceintes (qui descendaient jusqu'alors à pied à l'hôpital dans les Bas).

L'hélicoptère a servi à monter des matériaux de construction (remplaçant le portage à dos d'homme ou de bœuf) et à équiper la quasi-totalité des foyers en énergie à partir de 1986 ! L'isolement dû à la géomorphologie du cirque et la volonté de préserver ses paysages ont conduit les collectivités locales à valo-

LA NOUVELLE / PHOTO M.S./ONF

EQUIPEMENT SOLAIRE À AURÈRE / PHOTO M.S./ONF

riser l'énergie solaire. L'hélicoptère sert aussi au ravitaillement des familles, celles-ci continuant toutefois d'exploiter, comme leurs parents avant elles, la terre qui les entoure.

En complément de leur travail dans l'exploitation agricole familiale, les Mafatais peuvent obtenir des contrats à durée déterminée pour leur fournir un revenu minimum. L'ONF, par les moyens publics qu'il met en œuvre (Département, Etat, communes), est le principal employeur du cirque : l'entretien des sentiers, des sites, des écoles, des églises, la construction de bassins d'irrigation, la pose de canalisations… permettent l'embauche d'une cinquantaine de personnes. Les mairies de Saint-Paul et de La Possession emploient aussi les Mafatais pour travailler dans les cantines et aider les instituteurs dans leur travail.

Une école a été construite dans chaque îlet, sauf dans celui des Lataniers ; les écoliers doivent marcher parfois plus d'une heure pour se rendre à l'école dans l'îlet voisin. Les enfants sont scolarisés dans le cirque jusqu'au CM2. Ensuite, ils doivent aller au collège dans les Bas de l'île, et sont pris en charge ou par l'internat de Piton Saint-Leu, ou par des familles d'accueil. Les progrès réalisés ont donc amélioré la qualité de vie des habitants du cirque, sans pour autant affecter les traditions et certaines valeurs essentielles des Mafatais, comme la solidarité.

Avec le Conseil Général,
préservons notre environnement !

Nu-propriétaire du vaste domaine forestier départemento-domanial géré par l'ONF, le Département de La Réunion mène une politique originale en faveur de la protection et de la valorisation des milieux naturels.

Cette politique s'articule en plusieurs programmes spécifiques :

• entretien et maintenance des sentiers, voiries, ouvrages de sécurité contre l'incendie et sites d'accueil répartis sur les 92 000 hectares du domaine forestier cité,

• actions sur le milieu végétal, avec de nombreuses interventions de réhabilitation écologique et de préservation de milieux naturels indigènes remarquables,

• actions dans le champ du social, par le biais de programmes d'insertion permettant de mettre en activité plus de 500 Contrats Uniques d'Insertion,

• actions d'aménagement et d'équipement, au travers des itinéraires de randonnée non motorisée, des sites d'accueil du public, ou encore de la prévention contre les incendies. Le niveau quantitatif des équipements parle de lui-même :

• près de 240 kiosques et 900 tables bancs répartis sur les 350 aires d'accueil pour les loisirs et le pique-nique,

• le Plan Départemental des Itinéraires de Promenade et de Randonnée offre 1 275 km d'itinéraires, dont 970 km pédestres, 295 km de pistes VTT et 270 km de pistes équestres. En partenariat avec l'Union européenne, le Département consacre annuellement près de 10 millions d'euros aux actions sur ce domaine, dont 1,5 million pour les seuls itinéraires pédestres,

C'est dire l'effort consenti par la collectivité depuis plusieurs décennies pour favoriser et développer la découverte des superbes paysages intérieurs de l'île à travers **la randonnée**, sport de nature accessible au plus grand nombre et respectueux de l'environnement !

Cette pratique concerne chaque année 125 000 résidents et environ 290 000 touristes. L'on estime à 900 000 le nombre des sorties annuelles empruntant les itinéraires pédestres, dont deux tiers sont le fait du public résident, démontrant son engouement, en croissance continue, pour cette façon de découvrir ou redécouvrir son patrimoine.

Le Département développe en la matière, avec ses partenaires du Comité de la Randonnée Pédestre de La Réunion et de l'ONF, une politique dynamique au service de la population et en cohérence avec le caractère exceptionnel de ces milieux naturels aujourd'hui reconnus et classés au Patrimoine mondial de l'Unesco.

Bonne randonnée en famille et entre amis !

B

Basalte. Roche volcanique très commune, de couleur sombre, résultant du refroidissement de laves pauvres en silice.

Bertel. Sac artisanal en feuilles de vacoas tressées.

Biodiversité. Désigne la diversité du monde vivant au sein de la nature. **Bois de couleurs.** La diversité des tons verts de la voûte forestière, ou les teintes variées du bois des arbres, seraient à l'origine de cette expression locale.

C

Caldeira. Terme d'origine portugaise signifiant un chaudron, la caldeira est une dépression de grande dimension de forme plus ou moins circulaire, formée par l'effondrement du plafond des chambres magmatiques lors de leur vidange.

Canopée. Désigne l'étage supérieur de la forêt.

Cirque. Enceinte naturelle à parois abruptes, de forme circulaire ou semi-circulaire, formée par une dépression d'origine volcanique fortement érodée. Les trois cirques de La Réunion (Mafate, Salazie, Cilaos) se sont formés suite à l'effondrement et à l'érosion intense de l'ancien massif du Piton des Neiges.

E

Écosystème. Désigne l'ensemble formé par les communautés de plantes et d'animaux et l'environnement dans lequel elles habitent.

Enclos Fouqué. Nom donné à la caldeira la plus récente, formée il y a 5 000 ans environ, au sein de laquelle a pris position le Piton de La Fournaise actuel.

Endémique. Espèce indigène dont l'aire de répartition est constituée par un territoire limité (une île, un archipel, un massif montagneux).

Épiphyte. Signifiant littéralement « sur la plante », ce terme désigne les plantes qui parviennent à se développer sur d'autres végétaux, sans pour autant les parasiter.

Éricoïde. Végétation constituée de plantes qui ressemblent aux bruyères (famille des Ericacées). Le brande vert et le brande blanc sont des espèces éricoïdes.

EXOTIQUE. Espèce introduite par l'homme.

F

Fanjan. Expression locale désignant les fougères arborescentes.

I

Îlet. Désigne un petit replat ou promontoire isolé par des ravins, sur lesquels les hommes se sont installés.

Indigène. Se dit d'une espèce arrivée sur l'île par des moyens naturels et présente avant l'arrivée de l'homme.

L

Lave. Magma plus ou moins dégazé à sa sortie à la surface de la Terre.

Lontan. Mot créole signifiant le passé, « avant ». Il peut être utilisé comme adjectif avec une connotation traditionnelle (cuisine lontan, produits lontan, case lontan...).

M

Magma. Matière en fusion, plus ou moins fluide, qui se forme à l'intérieur de la Terre.

Marronnage. Du mot espagnol « cimarron », désigne les esclaves « marrons » ayant fui hors de la propriété de leurs maîtres à l'époque coloniale.

Milieu primaire. Milieu naturel qui n'a jamais été modifié par l'homme.

Milieu secondaire. Milieu transformé par les activités humaines.

P

Peste végétale. Espèce exotique envahissante

Planèze. Relief de forme triangulaire, de pente générale régulière et faible, taillé dans le massif volcanique par l'érosion de deux torrents aux sources proches et aux embouchures éloignées.

R

Ravine. Cours d'eau non pérenne, se jetant dans la mer, pouvant connaître des débits très importants suite à de fortes pluies. Elles forment de profondes entailles dans le relief de La Réunion.

Régénération. Phénomène de reconstitution de la forêt. La régénération peut être naturelle ou artificielle (par plantations).

Réserve biologique. Espace de conservation, de recherche et d'éducation à l'environnement, situé sur le domaine forestier. Il existe des RB dirigées (intervention ciblée vers la conservation d'espèces ou de milieux) et des RB intégrale (aucune intervention humaine).

Réserve naturelle. Espace préservant les milieux naturels fragiles, rares ou menacés, de haute valeur écologique, situés en terrain public ou privé.

S

Strate. Etagement vertical d'un peuplement végétal (strates des mousses, herbacée, arbustive, arborée).

T

Tégument. Enveloppe parfois très dure des graines.

INDEX GÉOGRAPHIQUE

INDEX THÉMATIQUE

✔ La création et le choix des itinéraires ont été effectués par l'ONF-Réunion (gestion et animation du dossier : Aurélien Collenot, Cellule Ecotourisme, avec le concours des Unités territoriales).

✔ Les itinéraires ont été décrits et reconnus par Aurélien Collenot et les forestiers de l'ONFRéunion. L'agrément des itinéraires « Promenade et Randonnée » est assuré par le Comité de la Randonnée Pédestre de La Réunion (Guy-Léandre Jista, Jullian Robert, Eliette et Jean-Noël Gigan, Michèle Marty).

✔ Le tracé des itinéraires (SIG) et les documents cartographiques ont été réalisés par les personnels de l'ONF-Réunion.

✔ Les thèmes de découverte et le « Carnet du naturaliste » ont été rédigés par Aurélien Collenot, Michel Sicre, Angelina Blais et Claire Lafond-Creissen de l'ONF-Réunion Cellule Ecotourisme. « Sur les pas du forestier » a été rédigé par ONF Département de la Communication.

✔ La relecture spécialisée des textes thématiques sur les milieux naturels a été réalisée par Julien Triolo, ONF-Réunion. Celle sur le volcanisme et géologie, par Philippe Mairine, chercheur associé au Laboratoire des Sciences de la Terre et de l'Univers (LSTU) de l'Université de la Réunion.

✔ La mise à jour de cette édition a été assurée par l'ONF-Réunion (Roland Dutel, Lætitia Estrade et Bernard Labrosse) et le Comité de la Randonnée Pédestre de La Réunion.

✔ Les illustrations sont de Sandra Lefrançois (S.L.), Lise Herzog (L.H.) et Michel Sicre (M.S.).

✔ Les photographies sont d'Aurélien Collenot (A.C.), Michel Sicre (M.S.), Claire Lafond- Creissen (C.L.-C.), Angelina Blais (A.Bl.), Alain Brondeau (A.Br.), Julien Triolo (J.T.), Bernard Devaux (B.D.), Michel Timbal-Duclaux (M.T.-D.), Philippe Lacroix (Ph.L.), André Alain (A.A.), Marcel Chapuis (M.C.) Jack Raymond (J.R.), Claude Pichard (C.Pi.), Alain Blumet (A.B.), Patrice Delgado (P.Do.), Denis Gobard (D.G.), Jean-Pierre Chasseau (J.-P.C.), Pierre Cadiran (P.C.), Laëtitia Estrade (L.E.), Stéphanie Lebreton (S.L.) pour l'ONF ; H. Douris (H.D.), S. Di Mauro (S.D.M.) ; T. Ghestemme (T.G.), S. Dalleau-Coudert (S.D.-C.) pour la SEOR ; Philippe Mairine (P.M.) pour l'Université de la Réunion ; Maison du tourisme de Cilaos (MDT Cilaos) ; l'Office Municipal du Tourisme de Saint-André (OMT Saint-André) ; SREPEN Réserve Naturelle Roche Ecrite (SREPEN) ; Archives départementales de La Réunion (Arch. Dép. de La Réunion) ; Serge Gélabert (S.G.) ; Matthieu Molin (M.M.).

✔ Le Département de La Réunion balise et entretient les sentiers, met à disposition le foncier. Son concours foncier et financier est essentiel à cette opération, dont la mise en oeuvre est assurée, pour son compte, par l'ONF. CIVIS et ONF pour le sentier littoral d'Étang Salé.

✔ Conception originale de la collection « Sentiers forestiers » : ONF et Fédération française de la randonnée pédestre. Montage et coordination du projet, direction éditoriale : ONF et Fédération. Développement et suivi collectivités territoriales : Patrice Souc, Victor Dabir Assistante : Sabine Guisguillert. Responsable de la production éditoriale : Isabelle Lethiec. Secrétariat d'édition : Marie Fourmaux, Philippe Lambert. Cartographie et couverture : Olivier Cariot, Frédéric Luc. Mise en page et suivi de fabrication : Jérôme Bazin, Hélène Mercy, Justine Dupré, MediaSarbacane. Lecture et corrections : André Gacougnolle, Élisabeth Gerson, Gérard Peter et Michèle Rumeau. Création maquette et design de couverture : MediaSarbacane.

Achevé d'imprimer en France sur les presses de Chirat (Saint-Just-la-Pendue), selon les normes de la certification PEFC®.

 10-31-1895